YTT利润管理实践

《珍藏版》

全面预算之美

连通战略和经营的利器

COMPREHENSIVE
BUDGET

史永翔◎著

机械工业出版社
CHINA MACHINE PRESS

本书作者史永翔，曾帮助数千家企业实施预算管理，本书收集了他 20 多年辅导企业的案例和实操。

　　全书共分为 7 章：第 1 章从企业为什么要做预算开始，揭示了企业老板是如何看预算的，以及财务的预算价值和各个部门的预算参与情况，说明了预算到底是什么；第 2 章通过一家制造类企业的案例实践，阐述了如何通过绩效来保证预算的实施；第 3 章讲述老板和财务总监应该如何配合抓预算；第 4 章通过一家贸易型公司的实践，告诉读者要学会用组织来推动预算的执行；第 5 章从一家集团公司的层面，讲述如何用预算打通战略到经营；第 6 章是预算落地表格，对全面预算管理实战表格进行分解阐述；第 7 章讲述如何做好企业的全面预算管理。

　　本书含有丰富的案例和实操，浓缩了数千家企业实施预算管理的经验，可帮助决策者提升四个阶段的管理成效，为利润持续增长保驾护航。

图书在版编目（CIP）数据

全面预算之美：连通战略和经营的利器：珍藏版 / 史永翔著 . —北京：机械工业出版社，2024.3
（YTT 利润管理实践）
ISBN 978-7-111-74298-2

I.①全… II.①史… III.①企业管理 – 财务管理 – 预算编制 IV.① F275

中国国家版本馆 CIP 数据核字（2023）第 225188 号

机械工业出版社（北京市百万庄大街 22 号　邮政编码 100037）
策划编辑：石美华　　责任编辑：石美华　刘新艳
责任校对：陈　越　　责任印制：单爱军
保定市中画美凯印刷有限公司印刷
2024 年 3 月第 1 版第 1 次印刷
170mm×230mm · 11 印张 · 1 插页 · 138 千字
标准书号：ISBN 978-7-111-74298-2
定价：79.00 元

电话服务　　　　　　　　　　网络服务
客服电话：010-88361066　机　工　官　网：www.cmpbook.com
　　　　　010-88379833　机　工　官　博：weibo.com/cmp1952
　　　　　010-68326294　金　书　网：www.golden-book.com
封底无防伪标均为盗版　机工教育服务网：www.cmpedu.com

本书献给我的父亲——史美华

非常感谢我的父亲从小对我生存艺术上的磨炼，

培养了我直面现实的勇气与创造性地解决问题的能力。

　　"预算"一词在今天的互联网时代，似乎被很多新兴的企业家所忽视。许多新诞生的企业家（创业者），心思都集中于"电"的方面，想得最多的是流量、收入、爆款、快速、融资；"商"的方面，想得最多的是渠道、平台、模式。但往往我们看到很多企业都呈现出了快速成长、快速衰亡的现象，最直接的特征是因现金枯竭而死亡，它们将之解读为没有融到C轮，没有等到被收购，没有等到IPO的那一天……其实质是这些创业企业缺乏管理，缺乏预算控制能力，缺乏有效地使用资本的能力。这是做企业最基本的功夫！一家企业即使有好的技术、好的产品、好的模式，但没有好管理，没有预算控制能力，归根到底资本也会离它远去！

　　预算对于传统企业来说也很重要。许多小企业十多年来发展规模一直上不去，一直在利润"浅水区"、在死亡线上挣扎，直接表现在企业现金短缺、存货周转慢、应收账款过大、费用支出过多、固定资产支出过高、投资决策随意等方面。企业没有长远性的发展，竞争力一直未能建立起来，却寄希望于再一次的市场机会和市场红利。从根本上来讲，这些长不大的传统企业就是没有竞争力，也没有企业的基础管理，靠市场机会成长，同时也随着竞争加剧、机会减少而逐渐萎缩。

　　其实，预算是企业管理真正的集大成者。

预算在方向上是对企业战略目标的牵引。只有明确要什么，才能规范我们做什么。企业永远都是资源有限、能力有限、时间有限，必须厘清战略目标才能决定有效分配、有效发展！

预算又起到连接市场细分和客户分类的功效。我们面对无限的、多需求的市场，当有了预算，从"我"出发，才能区分哪些是利基市场，哪些是成长市场，同样我们才能区分出客户的价值，由此达到对企业资源的有效配置。

同样，预算也是连接企业内部各个运行管理的关键。生产、技术、采购等，都需要现金协同。如何打通这种协同？必须要有预算并且把它分解到季度、月度、每周和每日，才能实现企业的运行畅通。许多公司在运行上造成大量浪费，为了维持周转不断融资填补空缺，这是非常错误的做法，因为这样做只会造成更大的资金沉淀和进一步的现金缺口。企业家必须要解决现金效率问题，而预算是唯一有效的方法。

同样作为企业的最高决策者，如何抓好企业整体管理？最好的抓手就是预算。

我之前在外企担任 CEO 期间，预算一直是我实施日常管理的有力抓手。每月 8 日的预算分析会，是我每月工作的重中之重！它非常有效地帮助我推动了公司管理工作的开展，所以我非常喜欢这份工作。

我曾经给国内一家大型企业做顾问时，新提拔上任的 CEO 对如何管理整个集团感到困扰。这家企业年营业额 250 亿元，有 40 多家分支公司，我帮助他们解除困扰的方式就是从预算着手。在这家企业内部成立预算管理部，并每月召开预算达成会议。CEO 从内部入手，从目标着手，既为及时发现问题提供了帮助，又给予各个分支公司的 CEO 适当的经营压力。在我的辅导下，当年这家企业实现新增营业收入 50 亿元，利润增长 1.5 倍！由此可见，建立预算、用好预算是企业发展的根本之路！

在我的预算课程讲授和顾问辅导工作经历中，帮助了数千家企业实施预算管理。在这些企业实施预算的过程中，有效地提升了企业在以下四个阶段中的能力：

第一阶段：发现问题。

预算工作是企业管理的集大成者。一旦实施预算，企业管理中基础薄弱的问题就会暴露出来！这时必须克服挫败感，迅速弥补基础管理中缺乏数据的这个致命环节！同样，预算也可以有效地帮助企业弥补运行管理中"跑、冒、漏、滴"的问题。

第二阶段：分析问题。

企业的问题有很多，哪些才是当前最影响企业发展的问题？各个企业的情况都不相同，为什么很多企业家学完企业管理培训课程之后，回去仍然感觉到无从下手，都是问题，然而却不知道该解决什么？

其实对于一家企业来说，是不是问题，不取决于表现，不取决于发现，更不取决于情感，也不取决于人，而取决于目标的相关性以及问题之间的关联度。大部分市场上的分析师分析问题只是为了呈现问题，而真正的企业管理者可以通过预算，分析出真正影响企业现阶段的问题所在。

第三阶段：找出解决问题的路径。

预算实施的过程是企业不断呈现并解决问题的过程。每年、每季、每月的预算分析会议，其实都是为了解决影响预算实施的障碍、寻找方法的会议。预算是以目标为牵引，找出解决问题路径的有效手段。企业发展中会遇到很多问题，现阶段需要解决的问题却不多，因此需要我们对问题进行有效性筛选，对关键性问题要攻坚，以免产生游离，从而影响企业的持续发展！

第四阶段：创新企业发展，持续提升。

预算是一家企业运行管理的模型。随着企业的不断成长，预算方式也在不断成熟，它将有力地牵引企业的成长。尽管经理人的惰性、能力、变动会影响企业的发展，但一个好的预算可以稳定企业发展，减少人事变动引发的震荡，同时又可以不断提升企业实力，促进企业不断变革成长，是既兼顾企业现状又展望企业发展的很好的管理模型。

在新经济时代，业态跨界更为复杂，资本对盈利的追寻更加敏感。企业经营需要更快捷和更有效率，资本来源也更多样化，因此预算是沟通内外、牵引上下的好工具！

此预算书收集了我十多年辅导企业的案例和实践。此书不重理论，而重在实践运用。本书的写作过程也持续了三年，不断修正，丰富可操作性是此书的发心！

此书也是以 YTT 预算管理课程为逻辑编写而成的。YTT 预算管理课程通过多年的开办，已经让数万家企业受训，并在这个过程中贡献了诸多问题。解决企业预算实施问题的过程，就是此书成书的过程。

感谢贡献案例的企业家朋友。感谢我的助理李秉芹女士和 YTT 顾问师团队。最后感谢我的家人，感谢我的太太对我的这种居无定所工作的默默支持。

也将此书献给刚满 8 个月的小孙女——诺诺。新的生命到来，也展开了我人生新的篇章。

史永翔

2017 年 6 月 8 日

于苏州办公室

目 录
Contents

前 言

第1章 企业为什么要做预算 /1

Chapter

01

第 1 章

企业为什么要做预算

　　说到做预算，很多企业的老板、总经理以及财务、营销等各个部门的管理者，在对"预算"这件事的认知上存在着一个很大的误区。这个误区就是，他们总会把预算当成一门专业技术（财务技术），但预算实际上应该是企业的一项系统工程。说到这一点，很多企业都会为自己辩解："我们有战略，也会做预算，你看我们企业的表格多详细……"但是公司的预算到底做到什么程度，预算的管理水平到底如何，这就取决于一家企业管理的层次和水平的高低。

　　对一家企业来说，其实预算管理是非常好的系统管理的工具。

　　做企业永远都是在收入和支出两者之间找关系，而我们也会发现，每一家企业的经理人团队通常都对考核非常在乎，因为这直接关系到自己的收入。因此，针对预算管理，就衍生出了一个问题：预算是用来考核的吗？

　　有人认为，预算就是用来考核的。这其实是一种错误的观点。预算的目的不是考核，我们应该理解为"所有的企业行为都应该是事先设计的"。企业对预算设计的能力越强，对未来问题发生的可控性就越高。于是从这个角度去看预算，企业管理其实都应该是在可控之中的。

为了方便理解，我们先来看一个故事。古时候有一个财主，他家的院子后面有一块不规则的石头，财主想把这块石头做成一个石凳，因此就在村子路口贴了一张告示，招聘一位石匠来做石凳。

第一个来应聘的石匠说："我有16年的经验，这项工作对于我来说肯定没问题。"

第二个来应聘的石匠说："我对石艺研究很专业，而且还有一套工具——16把刀。这套工具特别好，能很快把石凳做好。"

第三个来应聘的石匠说："您想把石凳做成什么样？我先画出来跟您讨论一下，然后再来看应该怎么做？再来告诉您，我能不能接这个活儿？"

如果你是财主，对于这三位来应聘的石匠，更愿意选择谁呢？

其实不难发现，第三位石匠就有一种预算的思想。我们都知道，世界上没有绝对的事情，要做成一件事情，我们需要可靠的依据。通过这个故事是想告诉大家，有时候我们眼中所谓的经验和工具，都只是一个支撑，关键还是要用最终的"目的"来管理经验并合理使用工具。

用目前流行的一句话来讲就是，很多人这一生都很勤奋，但依然没有出息。就像明明很多人在公司里很努力，但是他的业绩并不好，这又是什么原因呢？答案就是这家公司可能没有以目标和方法去引领员工努力的行为，以此来告诉员工该做什么，能做什么，只需要做什么。

人的一生总是忙忙碌碌的，眼睛一睁一闭之间开始又结束。我们应该如何把控自己的思想，这就是我们首先要去思考的，因为只有掌握了思想，使用了正确的工具，才能最后达到成功的目的。我们需要的是分析昨天——我们有什么，预测明天——我们要什么，然后才能决定我们的今天——去做什么。如果每一家企业都能建立起"昨天、今天、明天"这样的思维，企业的管理团队也都能用这样的方法去思考，那么企业管理的整体思维首先就被打通了，并能确保后续计划和执行的一致性。

对于企业实际经营来说，一个好且有效的管理体系，需要做到三个方面：

第一个方面是事与事之间要有很强的关联性，能将事情进行合理的逻辑推演；

第二个方面是计划要具有极强的实操性，并且能将所有的方法和工具结合起来；

第三个方面是一定要做到大道至简。这个"简"体现在可实行、可归纳上。

秉承以上三个原则，在这里我会把预算管理的实践和经验分成以下几个方面来分析，最后再把这些智慧归纳到预算的整体思路上来。

第一，要帮助大家厘清预算的重要性以及步骤；第二，从一家制造企业的实际案例出发，告诉大家如何通过绩效管理保证预算实施；第三，分享财务（职能）本身在预算中应该注意哪些事情，应该做到哪些；第四，讲述组织在做预算时是如何进一步往下推行的；第五，讲述用预算打通战略到经营；第六，将预算管理在企业中的整体思路进行贯穿。

1.1　为什么要做预算

很多老板和经理人会认为，对于企业来说，预算的作用不重要，工具和方法更重要。我经常在给企业家授课的时候听到有财务总监反映："老师，您多教给我们几个指标和公式，我们觉得这个比较重要。"每当听到有人这样说的时候，我都会告诉大家：预算反映的是企业的综合管理水平，它不是一个简单的工具。预算是将企业的财务、经营、管理全面打通的一项系统工程，企业经营的问题绝不是一两个简单的公式就能迎刃而解的。

1.1.1　管理者（老板）如何看预算

经常看到有些老板很苦恼，因为他们一直希望员工都站在经营者的角度来做事，但员工的想法常常无法与老板的希望达成一致："这家公司是你的，又不是我的。"的确，对于企业来说，预算应该是一把手的工程，而不是让员工去自己做主的过程，同时它又是一个各个部门协同和承诺的过程。

大家知道对于一家企业来讲，什么对管理而言至关重要？那就是"知行合一"，也就是知道和做到。

知在哪里？行在哪里？要如何合在一起？真正意义上的知行合一，其实是"合"在一起的观念，这也是一家企业的文化形成的过程。企业文化的创立者是谁？是老板，也就是公司的创立者。

经常到了年底，有经理人向我诉苦："到了年底，我们的业绩提升了，准备向老板兑现假期和奖金，而老板却说只能给很少的一部分奖金。他说当初和我们签订合同的时候，也没想到能挣那么多。"不难发现，这类问题的发生其实就在于一个是否承诺的问题，老板向经理人承诺的就是经营企业的观念。

> 预算不是预测，而是老板应该考虑问题究竟是什么，要达成的结果到底是什么。

企业要想达成老板（管理者）在预算确立之初想要达成的目标，就要做好以下五个方面的工作。

1. 用战略落实行动

企业的战略应该是怎样的？企业要走向什么方向？我们要得到什么样

的结果……这些问题都是需要一步一步用行动去落实的。

　　　　做企业，我们要走的路很遥远，但只要坚持走下去，总会走
　　到目的地。

　　身为老板（管理者）要知道如何把每一条路径设计出来，这就是预算的初衷。这就要求我们管理者首先要做好规划战略，从而落实计划。所有的预算其实都是对经理人的考验和要求，因为人性的本质都是希望少干活、多拿钱，但要做成大事业，则需要花费很大的心力和努力。

　　不妨问问自己，为什么你的企业没有做大？答案可能就是你的心力投入不足。从战略落实到行动也就是实践，而实践需要心力去支撑。

2. 让管理归于简单

　　管理在于过程，管理也是为实践而设计的路径，那么如何让管理归于简单？

　　首先管理的前提来自沟通。身为老板或股东，要问问自己这些问题：有没有事先跟经理人讲清楚？有没有跟经理人讨论过？老板到底想要什么有没有表达清楚？我们需要和员工一起去做什么？用什么方式去做更好？

　　我们都知道以前上战场，一开始部队总喜欢挑选最优秀的士兵做连长，却发现结果是有的时候赢了一场战斗，接下来可能又输了一场战斗。后来指挥战斗的军官就开始启用军校生，之所以有这种改变，是因为大家都懂得了军校生上的第一堂课，就是要知道战略目标在哪里，为了实现这个目标应该如何去规划。由此可知，勇敢是对小人物的要求，勤奋是对员工的要求，但是作为经理人来说，最应该知道的是做事的方向在哪里。

　　　　选择比努力更重要。大部分经理人都会犯一个错误，就是在
　　错误的方向上勤奋地努力，这是因为他们不知道做事的根本目标
　　在哪里。

让管理归于简单，就是要求企业要学会用预算的方式做管理。企业老板（管理者）通过事先的沟通、紧密的安排，之后就不再强行干预执行，这样的做法可以让老板有更多的时间去发现战略的机会、选择更合适的人才，帮助公司设计下一步的安排（计划）在哪里。所以，管理虽然不应该是老板的日常工作，但应该是事先的设计。

3. 结果把控精确

我们所看到的社会上的企业家所拥有的从容自若，都来自他们对弹性问题的把握，而预算管理就是对结果的设计、对过程控制的过程。

对于管理的结果来说，管理者可以进行两个维度上的思考：横向思考和纵向思考（见图 1-1）。

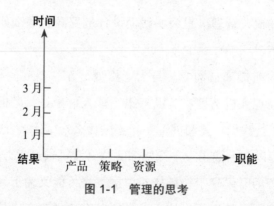

图 1-1　管理的思考

在图 1-1 中，横向指的是职能，比如我们要做哪些事情？用哪些产品、哪些策略、哪些资源……

纵向指的是时间，比如第一个月要做的、第二个月要做的，第一季度要做的、第二季度要做的以及年度要做的……

企业的结果就相当于坐标点，是纵向时间和横向职能的结合点。用这样的思维方式进行规划，企业要实现的目的才会更加精准。

4. 资源统筹分配

　　企业所拥有的所有综合的资源，统称为企业的成本。对于企业来说，永远缺少的是"钱和人才"。我们都知道，做生意永远都缺钱，而资源永远关系到本钱。任何一家公司要从"奥拓"变成"奥迪"，最重要的是如何以"少"的投入获得"大"的产出，这是每一家企业永恒不变的经营定律（见图 1-2）。

图 1-2　企业资源和规模

　　我一直都在和大家分享一个观念，即企业的经理人有三种类型：第一种是机会型。这表现在：行业现状好，经理人的成绩就好；行业现状不好，经理人的成绩也不好。也就是说，企业所在的行业属性，决定了经理人的做事属性。

　　第二种经理人是资源型。对于这类经理人来说，只要花钱就能成事，不花钱就不能成事。我们经营企业的过程中遇到的大部分经理人都属于前面两种类型。

　　但是作为企业实体来讲，选择总经理一定要选第三种类型，那就是价值型经理人。这类经理人永远想到的是以小的投入获取大的回报。在预算过程中，每家公司都永远面临着一个非常严峻的考验，那就是资源的争夺战。那么企业该如何把握资源，控制经营节奏呢？

◀◀◀【案例与思考】企业如何把握资源，控制经营节奏

有一次深圳一家公司的老板与我见面时面露痛苦地告诉我，一年才过了一半的时间，他们年初的预算费用就快要花完了，但是营业收入没有同比上升。

他问我："史老师，问题出在哪里？"

我对他说："原因在于你的节奏没有控制好，企业职能的设计也存在问题。企业的资源应该根据时间来控制，也就是企业管理者要在每个季度、每个月做预算评审的时候不断地检讨投入产出比对不对，划算不划算。"

在这里要跟大家分享一个非常重要的经验，你们知道成功是怎么实现的吗？很多人都认为成功是准备出来的，这种想法其实就像我们在学生时代应付考试的做法，即我们总认为准备的时间越长，考试成绩越好。很多人的一生也会受这种想法所影响，永远都在不断地准备中，以至于人生成本越来越高。

在这里，我要提醒大家的是，做企业应该总是在实践的过程中，而不是在准备的过程中。准备的时间越长，会导致公司的成本越来越高。其实做企业最应该做的是快速反应，先把枪拿起来打一枪，然后根据反馈再瞄准。

> 成功是不断地实验出来的，做企业一定要善于用小的测试来换取大的成功，所以资源的合理布局也不完全是设计出来的，而是在过程中进行不断调整的结果。

为什么我会反复强调预算不是年初的事情，而是贯穿于整个年度？为什么企业要做半年度预算调整、季度预算调整？正是因为现在经济环境的变化越来越快，但是变化不代表企业应该没有计划。以 IT 行业为例，这个行业中的企业所面临的变化也许是每隔 15 天就会调整一次产品或价格，也就是说下个月它们在做调整计划的时候，职能部门的时间节点都要跟着这

个变动的节奏进行调整。如果领导者没有预算和计划的概念，公司就会不断地出现新问题。

◀◀◀【案例与思考】个人习惯决定预见性

年轻的时候，我曾经被一家外企聘任担任总经理。上班第一天，公司派了一名司机来接我，并告诉我说，以后他就是总经理的专职司机。

到公司之后，我走进办公室对人力资源总监说："以后不要让这位司机给我开车了，找一个理由让他走吧，无论什么理由都可以。"

要知道，在当时司机这个职业是很紧俏的。这位司机离开我们公司以后，就去了隔壁一家公司继续当司机。结果，他在新公司上班才三天，就出了交通事故。

出事以后，公司有人问我：当时为什么能未卜先知，事先开除了这位司机？

我回答说，在接我回公司的时候，我发现这名司机把车开到路口，突然冲出一辆载着三个人的摩托车，他差点来不及刹车碰上去。如此缺乏预见性的人，迟早都会出问题的。

说到底，这就是个人习惯问题，而且这位司机的习惯是没有预见性。但对于一家企业的老板来说，如果没有预见性，他的这个缺点就会通过组织行为而放大。曾经我亲身经历过这么一件事：有一家公司的老板，因为一时的头脑发热投资了一个项目，结果这个项目导致他的公司最终陷入了现金流断裂的境地。这也恰恰反映出当今很多民营企业家最大的一个管理特征：具有随意性，不愿意耗费精力去管理。因此，我想在这里告诉大家，要想成为伟大的企业家，前提就是要接受和愿意"被管理"，除此之外还要对资源进行统筹分配。

5. 信任归于行为

我们经常说，管理的最高境界是不需要管理，是信任，但又常听身边很多的企业家说："我信任了经理人以后，发现他把事情做坏了。"这其实源自管理者对信任没有提前设计。在这里，我要告诉大家的是，信任永远是对的，不信任的成本是最高的。

"士为知己者死"，时间证明了，人们愿意为信任、为赏识而去努力。当然，金钱是基础，但除了金钱之外，人与人之间更高的境界是欣赏。

很多人喜欢评价别人，但我们也发现只要陷入了评价别人的怪圈，就会感觉身边没有一个人是可用的。我们不能像"医生"一样，因为在他们的眼里，每个人都是病人。我们要像"木匠"一样去发现每个人的"可塑性"，认为每个人其实都是可塑之才（见图1-3）。

图1-3　医生和木匠

"信任"不是简单地对别人进行评价，而在于对事的合理安排，也就是老板可以放心安排经理人去做事。比如，有的人会管账，就交给他去管账；有的人车开得好，就让他开车；有的人很会跟人讲话，就让他去做专业沟通；有的人做事只能做一半，那就交给他一半的事情，不要让他负责整件事……这种识人、辨人的过程就是管理者对人力资源的预算和设计，而不是简单地把事情全包给一个人，应该对于不同的人，给予不同的设计。这样你就会发现，公司的每个人都是可用之才。

在这个过程中，首先，我们要设定人才都是可以信任的；其次，知道可以信任他们什么、信任哪些方面；最后，要思考如何设计这种信任。做到这三点，老板和管理团队之间的关系就是默契的、愉悦的。

对于员工来说，更愿意顶头上司是职业经理人还是老板？其实所有人都喜欢自己的顶头上司是职业经理人。不难发现，很多人以前当职业经理人的时候，跟下属讲话都是客气的、有分寸的，因为大家都知道还没有资格训斥员工。后来职业经理人当了老板以后，就会发现这些管理者的脾气越来越差，这可能就是因为身份的转变没有受到限制，从而无限制地放大了自己的脾气。

◀◀◀【案例与思考】信任是有规则的

曾经我所在的一家外资企业的老板一定要把 20% 的股权，以很低的价格出售给美国通用电气公司（GE）。董事长平时跟我们聊天时，从来不讲工作，也不提上述出售股权的事，而在董事会上却非常严谨，只讲工作。

当时我不能理解他的这种做法，后来才明白，这样他就跟我们建立了一种很规则的工作关系。因为他一个人在旁边看着我们，可以让我们的经营更加规范。

通过这个经历，也让我明白了信任是要设计的，信任是有规则的。我们经常看到民营企业家总喜欢盲目信任，或者是用亲密的关系代替信任，最后会发现对所有亲戚和朋友的管理成本最高。信任的行为应该建立在业绩之上，这样我们就会在规则的基础之上做企业。

企业是生活的载体，我们都通过这个载体去赚钱，去养活自己的家庭。让信任变成行为的关键是制定规则，而预算就是一个规范和制定规则的行为。

《《《【案例与思考】设计好了，只要结果就好吗

广东有一家规模很大的房地产公司，这家公司有 12 个总监级的高管，年薪都在百万元以上，但是该公司每年都会淘汰掉 90% 的总监人员，除了财务总监不换，其他人都换。

有人问老板为什么这样做？老板很自豪地告诉大家："我只要把绩效设计好了，下属干不完就走人，道理很简单。"为此，这家公司还专门成立了另外一个团队永远在寻找更适合的人才。

也许有人会赞同这种做法，但不能忽略的是，我们在做企业的过程中仍然需要沟通，经理人和老板永远都是一起努力做事、一起努力把企业的目标实现的关系，而不应该变成一种敌对和博弈的关系。

企业管理者应该从以上这五个方面来重新认识预算的作用，不要把它简单地看成一个工具，而要把它当作一个系统。这个系统框架通过每一年的积累，会使企业的整体行为和发展越来越成熟，也会让管理变得越来越简单，让团队、干部之间的关系越来越好。当然这就需要我们把预算放在一个较高的层面上重新认识。

1.1.2　财务总监（财务经理）的预算价值

财务经理人如何参与决策？财务人员如何为决策提供价值？总听到身边不少企业的财务总监（财务经理）抱怨："老板不相信财务的报表，真是不懂财务专业……"

其实，这种现象正是对财务人员的一种提醒，它反映了财务人员在企业预算推行过程中的一个最大的挑战，即改变观念。在很多民营企业中有一个很糟糕的观念，就是企业从来没有把财务当成一个管理系统，只把会计当成一个事后的计算者。

但这些企业的财务又是怎么做的呢？每个月财务只会出几份报表拿给老板说："你看，又不赚钱。"这样的工作关系反映出一个问题和事实，那就是在很多企业的老板眼中，财务人员做的工作并没有什么价值，也不会产生任何价值。

我经常告诉身边的朋友，世界上有两类人：一类人是别人的"成本"；另一类人是别人的"价值"。是别人的"成本"是什么意思？就好比别人口袋里有 10 块钱，你对他说："能不能给我 5 块钱？"而"有价值"的人则是，"我帮你挣 100 块钱，能不能分我 10 块钱？"哪一类人更受欢迎？肯定是第二种"有价值"的人更受欢迎。那么，在实际工作中，你企业中的财务，到底是企业的价值还是企业的成本呢？

1. 让财务融入经营

财务人员应该努力转变成为公司的价值，而不是成本，这种价值的产生就是要融入公司的主营业务中。

企业经营永远不变的主题是经营，财务人员应该帮助管理者找到企业经营中最赚钱的地方。在这里我要告诉大家的是，从未来的角度出发，会计（财务）职业将会被计算机所取代是不可避免的。那么，现在会计（财务）的出路在哪儿？预算管理就是会计（财务）最好的出路，财务人员要想方设法通过预算行为把财务融入经营之中，因为经营才是公司赖以生存的主旋律。

在这里我想问大家一个问题，收入重要还是支出重要？老板会说收入更重要，会计会说支出更重要，但我要告诉大家的是，省钱是永远省不出一家有发展性的公司的。

◀◀◀【案例与思考】让财务当总经理，保险还是冒险？

多年前，中国台湾地区有一家规模很大的公司，经过几年的发展，内部提拔了一位会计科科长来担任总经理，结果几年过后，这位总经理把这家大公司做成了很小的公司。

为什么会出现这种结果呢？也许是因为财务人员身上有一个共同的特点，那就是害怕风险，这位总经理的会计职业决定了企业最终的结果。

所有的支出都是建立在收入的基础之上的，所以收入比支出更重要。公司永远都是以收入为驱动，而支出只是一种手段。

多年的企业管理经验让我发现了一个很有趣的现象：一个人想省什么，就会失去什么；一个人想付出什么，就会得到什么。所以，财务人员要学会在经营上投入心力，用财务的方法来帮助企业进行经营性的挖掘。

我们从小到大都在被灌输一个很糟糕的观念，就是"多做多错，不做不错"。其实，正确的观念应该是"多做多得，多得就多能"。对于人才来说，能力越大舞台才会越大，到最后所收获的"名和利"，其实都是在我们为社会或他人贡献价值后，对方给予的报酬。

2. 事后置于事前

事后的要置于事前。我们经常说"一年下来实现了 1000 万元营业额，净利润只有 50 万元"，这是事后的结果。但是明年做的时候应该怎么想？要实现 1000 万元营业额，得到 100 万元的净利润，这个净利润该如何得来，需要提前设计出来。

在企业里，其实所有的行为都跟金钱有关。只有这样，我们才能对行为进行管理。对行为的管理越透彻，你就会发现整个企业的经营活动就越透彻。

3. 提升财务层次

财务最低层次的工作叫作"记录"，即把事情记录得清清楚楚。其实在一家公司里，只要财务不乱，公司就不会乱。因为只要财务管理不乱来，企业进出库的发货流程都可以控制住，也就是说财务相当于整个公司管理最后的守门员。

财务工作再高一个层次被称作"财务预测"，也就是帮助决策者预测下一步的经营活动会在哪里，重点在哪里。

更上一个层次的财务工作被称作"财务管理"；最高层次的财务工作被称作"财务运营"，也就是用财务的思维运营整个公司，把公司做通透。

我曾经做过一个总结：在一位企业老板扮演的所有角色中，最低层次的角色是干活型的老板；第二层的角色是监工型的老板；第三层的角色是管理型的老板；第四层的角色是领导型的老板，在企业里抓变革。但其实做老板的最高层次是股东型。因为在股东模式的设计中，企业要设计业务模式和分钱模式，而企业本身就是一个赚钱和分钱的关系。

> 赚钱是方向，分钱是规则。

有人问，老板懂行好不好？我的观点是"好"，因为这容易使得他们创业成功，但有时候老板太懂行，也决定了他们在当前的成绩上很难再取得更大的成功。

◄◄◄【案例与思考】产品好不代表业绩好

之前我和来自深圳的一位企业家闲谈，她说自己公司设计的衣服好，人人都喜欢，但是她创立的公司营业额至今才达几千万元的规模。问题到底出在哪里？

我帮她分析后告诉她，问题就在于，喜欢该产品的人会跟你说"产品很好"，但是更多不喜欢该产品的人是不会跟你说实话的。

如果我们只听见那一两个喜欢该产品的人的话，做有特色、有个性的产品卖给大众，业绩肯定是不好的。这就像我们经常会发现优衣库店里卖得最多的服装，恰恰是那些看起来没有特色的、最简单的类型，但这些类型相信一定不是设计师最喜欢的那一款。

我们身为实干企业家一定要走出自己的偏好，走到股东层面上来，而现实中大部分企业家还在干活的层面上努力地工作着。所以，对于老板和企业来说，要提升财务能力，用财务的思维来打通经营，并打破各个部门的职能障碍。

4. 提升自身职权

很多会计都抱怨说老板不重视他们。让别人重视你，取决于你对别人有没有贡献值。

很多公司每个月 8 日开会，3 日做财务报表，那么在 3 ～ 8 日，如果财务人员到每个部门去串门，问他们："你这个部门哪些数字'跳红字'（即超预算）？为什么会'跳红字'？哪些地方出问题了？"然后帮他们一起统计数据、分析原因。

等到 8 日公司开会的时候，还不等老板说，财务就先把分析结果呈现出来，是什么原因导致公司丢掉了多少利润，需要怎么改善，而不是把数据一摊，让各个部门自己说明，在老板面前劝说大家："辛苦了，大家再努力一点。"

财务总监不要只做批评的人，而应该讲事情，事情讲多了自然就会成为掌控者了。

> 舞台是自己创造的，人生要活得精彩。要干活就应该把活干好，做人要明白是为了自己而做事。

1.1.3　各部门的预算参与

1. 明确公司方向

在这里我可以很负责任地告诉大家，在预算参与的过程中，经理人的能力能够得到快速的提高。这是因为他们会在这个过程中学会布局，而且会清楚地知道公司未来的战略和发展方向。

你知道人在什么状态下最可怕吗？有一次我跟一支专业的登山队伍爬山，我问他们最害怕的是什么？他们回答说"看不见"是最让人害怕的。

不是"在悬崖上"，也不是"迷路"，而是"看不见"。人生也是这样，做事也是同样的道理。我们参与预算，其实就是为了明确努力的方向。

2. 统筹协同部门

在民营企业里，谁在统筹协调各个部门？老板还是总经理？归根到底是各个部门的职能经理。他们在公司里既要向上汇报，又要向下做好协调工作，很多经理人都表示做起事情来"很难受"。

其实对于公司管理来说，工作效率最快的是横向管理。比如，我们担任销售经理，业绩完成的前提是要生产部门、采购部门、运营部门、物料部门的全体配合。要达成这样的目标，就可以通过预算的方式提前建立系统和联系，每个月每个部门都达成一个协同机制，相互配合。

◀◀◀【案例与思考】三个指标，统筹生产和销售

以前我在一家外资公司担任总经理，那家公司刚开始业绩不太好。我负责销售这一块，负责管理生产运营。

有一次开完公司会议，听到有人汇报，生产部的经理私下抱怨说："每次都是我挨骂。"当时我在想："你们生产部门为什么不能更聪明一点？公司下个月的营业额在那里，现金在那里，公司要发工资啊，每一回都只考虑自己的利益。"

后来我想了一种方法，就是建立产销协同部，该部门成员包括销售总监、生产部经理，再加两个做销售订单安排的和生产订单安排的人员，总共四个人。

这四个人的奖金每个月进行考核，首先考核销售计划完成率；其次是成本控制率；最后是销售订单的更改率，更改得越多，说明四个人之间的配合度越差。

定了这三个指标以后，明显感受到了这几个部门之间的改变。以前销售部的人员明明跟客户讲三天交货，但他跟生产会说两天交货；生产明明当天可以交货，但他会和销售说晚三天交货。以前开会这两个部门总是互相扯皮，最重要的是保护自己，但自从定了这三个指标以后它们的态度开始了改变。

现在销售部接电话是："××总，您这个订单等一等，我跟生产协调一下。"挂了电话，销售部门跟生产部门协商说："现在要做一个产品，客户急着要交货，你们看下模具要不要换？"

生产回应："模具要换，换个模具需要三个小时。"

销售回答："那这样，你们看排到哪一天比较好？"

生产："五天时间会比较好。"

销售："那我跟客户商量一下，尽量拖到五天。"

然后销售人员再给客户打电话说明，客户说可以，销售订单就搞定了。

这个协同部门的设立，彻底改变了以往互相扯皮的现象，大大提高了销售和生产部门之间的协同度。

我们经常在公司里对各个部门进行绩效考核，那么是绩效重要还是考核重要？在实际操作中，我们往往都把考核看得更重要。其实考核不重要，完成绩效更重要。

《《《【案例与思考】考核重要，还是绩效重要？

深圳有一家公司，引进了一个人力资源总监。之前的人力资源总监都是女性，新聘任的这位人力资源总监是男性。他来了以后就抓员工手册、抓考勤。

　　这家公司最厉害的就是有 24 个品牌经理，七八亿元的营业额都是靠这 24 位品牌经理做起来的。但这位新来的总监一下子就炒掉了其中 3 个人，原因是他们上班没打卡。在人力资源总监设计的最先进的指纹打卡机上，这 3 个人没有完整的打卡记录。

　　当时我进入这家企业做辅导的时候就问人力资源总监："你之前做过人力资源总监吗？"

　　他说："之前没有做过。"

　　我问："那你现在有了权力，是不是感觉很好？"

　　他一脸骄傲地回答说："当然。这家公司原来的制度不行，女人当家，制度不严格。特别是我们老板，我第一次碰到她，她就说不用开会了，你自己去干吧。"

　　我又问道："你没来之前，这家公司已经实现了七八亿元的营业额，难道这样的公司不好吗？你说女性当家，制度不严格，但她们的团结性还是很强的。冒昧问一下，你来公司主要是做什么的？"

　　他回答说："写员工手册。"

　　我马上反驳说："有几个人看了你写的员工手册？现在已经进入互联网时代，员工手册写得那么厚，根本没人看。员工标准在 10 条之内，就行了。你知道公司的钱是从哪里赚来的吗？"他摇摇头说不清楚。

　　我告诉他："是那 24 个品牌经理赚下来的，现在你却赶走了 3 个，我看老板现在首先最应该把你赶走。"

　　从这个案例中我们要学习的是，在公司里面最重要的是创造收入的人。在公司中对各部门进行考核不单纯是为了考核，而是为了绩效。协同是为了完成总业绩，这是企业经营永远不变的真理。

3. 提升经营能力

人生之路是漫长的，而在人生中最快乐的是成长。每天感觉自己都在进步，这是超越金钱之外的。其实你应该有更大的格局，在做预算的过程中，在与别人一起讨论的时候，你就会发现你的问题。

4. 获得信任授权

经理人喜不喜欢被信任？答案是喜欢。但是你的老板经常说："交给我吧，你就不用管了。"

这就告诉我们获得授权之前你要学会规范，能让老板放心。预算就是一种能让老板放心的方式：目标在哪儿？范围在哪儿？我做什么？只能做什么？

信任中最糟糕的就是无限扩大信任的范畴，而失望往往是过度期望造成的。为什么朋友之间永远是客气的？这是因为他们的关系有界限，两个人关系越亲密，往往就越会导致关系的土崩瓦解。

关系越简单，就会越持久。老板和经理人之间通过预算的方式把信任建立起来，这样彼此才可以达到真正的信任。

5. 努力与业绩挂钩

通过预算的设计和过程管理，可以让真正有能力的人脱颖而出。这是因为努力与业绩怎样相挂钩，这涉及每个月每个部门以及每个人。

6. 从服从到统领

我们越来越发现，谁都想当领导者，谁都不愿意做随从，但随着人们生活质量的提高，大家对民主的要求也越来越高，这是社会的一个自然发展现象。

一家企业对员工个人的鼓励，是要让他成大事，要让他做领导者，毕竟每个人都是希望表现自我的，我们需要给人才以舞台去展现自己。这就需要企业用预算的方式提供给人才展示的舞台，然后让他尽情地在上面发挥，帮助他成为一个好的统领者。

1.2　预算到底是什么

很多企业都把预算管理当成一项简单的财务预算工作，其实预算管理应该是老板的预算。老板总在想，我们应该做到什么，我们想得到什么，然后从哪里得到它。所以，我们首先要来讲一讲，这些预算管理应该如何进行。

联想的柳传志在中国企业界可谓是一个非常知名的人物，很多企业家很向往成为他那样的成功人士，但是我们为什么不能够达到他那种程度呢？有几个方面可以和大家一起分享。

当年我所在的外企跟联想打交道的时候，感到在下面这个方面，柳传志做得非常好。他要求员工必须上课学习。当时联想的员工大多是计算机科研所的职工子女，学历以初中和高中为主。但就是这样一支队伍，在柳传志的学习要求下，成就了中国一家非常好的企业。如今联想集团在全球的员工已经不需要再出去学习了，他们可以直接在当地学习。

当我们的制度不完善的时候，我们要的是默契，要的是时间。

其实对于企业发展来说，时间成本是最高的。

在中国也有很多好的企业，但是它们总得不到好的发展，原因在于它们没有掌握有效的手段。联想把它这套成功的管理理念输入，不用改变原企业本身的业务，只需要控股 51%，就可以把许多公司整合在一起。联想花了不到 5 年的时间，就成功推出第二家上市公司。

管理其实可以很简单，做企业也可以很简单，复杂的往往是底层工作。在联想柳传志是怎样去控制这些公司的？他一直在讲一套理念，叫作"定战略""建班子""带队伍"。定战略其实就是"我要什么"；建班子是要"组合资源"；带队伍就是为了"保证执行"。

1.2.1　战略

第一个方面——战略。中国的企业家需要解决的，是把短期的投机变成长远的投资行为。投机是见机会而动，而投资是锁定一个方向持续地努力。举个例子，两个体格差不多的人打架，谁能赢？可以说，两个人胜的概率都是50%。如果是10个打1个呢？不用说，10个人胜的概率会更高。

◀◀◀【案例与思考】从打架中学来的成长

我读初中时有时也会打架。有一次放学我刚出校门，因一点小事，16个同学要打我自己，这时候我采取的方法就是跑，当然一跑这些人就会追。

事后想想，跑的策略是正确的。因为当你面对强敌的时候，他们人多，移动起来，其阵营就可能会产生分裂，其实真正想和你打架的人只有两三个人，其他的都是看热闹的，并不是16个人都要打你。

当我跑的时候，这个16人的队伍就拉长了，敌人的队伍拉长后，就发现我已经把绝对的劣势变成了相对的优势。追在最前面的这个同学，一对一他肯定打不过我，因为我当年是练武术的，个子又高，于是我一个飞腿就把他撂倒在地上。

踢完以后我又立刻跑，坚决不能恋战，跑了一会儿又上来一个同学，我停下来继续打，打完了以后再跑。最后这16个人都被我打跑了，我一直沿着线路，从学校往我家的方向跑，这就叫作"集中优势，并逐个歼灭敌人"。这个故事告诉我，在战略上不要赌，只有努力才能成功。

从这个故事中我们会发现一个很有趣的现象，那就是概率取胜。也就是说，个人的资源投入越大，取胜的概率往往会越大。所以，战略其实是一个选择，然后从战略中选择考虑的是路径，这个路径要更有效、更容易成功。但是有了战略选择一定会成功吗？也不尽然。现在很多年轻人都在徘徊，对很多事情摇摆不定，其实你现在的很多选择关乎以后要做成的事情。

1.2.2　战术

　　第二个方面——战术。战术其实是资源的配置，是看我们在哪一个方面花了更多的心力。其实很多行业都很好，重要的是你比别人在做这个行业的时候要更有创新。同行之间竞争的关键就是在资源配置以及战术的新颖上要更有独到之处、更有效果、更有效能，所以经营企业应该在战术上永远不断创新。

1.2.3　战斗

　　第三个方面——战斗。企业家和经理人比的是心力，这个心力表现在耐心、坚持力、承受力上。企业越大，需要的心力就越大。在企业经营中，各项决策能不能执行到位，很多时候都是心力的问题。

　　　管理的过程就是与下属比耐力的过程，执行就是你的战斗力。

　　很多公司底层执行不到位，天天想着是方法不对，于是天天找方法、换方法。到最后发现，其实方法就这么多，唯一需要比较的是，你是否真的做到了。

　　其实人与人之间的智商差别并不大，所谓的差别都是在情商方面的承受力。为什么我们的工作没有做好？心力是做成事情的关键，越是成熟的行业，最后比的越是战斗力。

　　而预算是什么？预算就是要把战略、战术、战斗贯通起来。所以，企业在制定预算的时候，要决定年度应该做什么事情，用什么方法做到。战略就是计划，战术就是策略，而战斗就是我们的操作手册。这样一脉相承下来，我们就可以发现战略不是为了单纯的预测，而是全面的规划。

到底对于企业来说，预算是什么，不是什么？

- 预算不仅是财务部的事情，更是公司各个业务部门的事情。
- 所有的预算都要从业务部门抓起，这是为了推动绩效的完成，而不仅仅是一个财务问题。
- 预算不是下属的工作，而是一把手的工程。
- 预算不是斗争的武器，而是协调的平台。
- 预算不是造假的文章，而是真正的执行。
- 预算不仅是业绩的考核，更是系统的工程。
- 预算不仅是年初的设计，更是贯穿全年的工程。
- 预算不是数字游戏，而是公司能力的体现。

柳传志就是将这套全面的预算管理体系植入联想所收购的公司，然后把它们打包上市的。当有了全面预算以后，整个公司就被贯通起来了，所以对待预算管理，我们要在观念上重新对它进行调整。观念调整以后，我们就会发现企业所有的经营活动会变得有序、周到，并且容易落实执行下去。

1.3　如何做好企业预算

做好全面预算可以分成三个层次。第一个层次叫作财务预算，第二个层次叫作绩效预算，第三个层次叫作全面预算。在企业经营过程中需要脚踏实地，但是我们总是会把未来的目标想得很远，总是希望能够在一两年之内干成一件伟大的事情，但是我们可能忘记了，成功需要一个相对较长的过程。如果有十年的时间，我们可以干成任何事情。

很多企业的管理者第一次牵头做预算设计和执行的时候会有一种挫败

感。为什么会产生这种现象呢？就是因为缺少数据。其实没关系，今年的预算没有数字作依据，但只要今年做好数据统计了，明年做预算就会有数字基础，以后企业管理者就能知道每个月应该去统计什么数据、如何统计。在这个过程中可能会遇到销售部门不配合的情况，原因也许是该部门也不知道应该怎么做，最好的方法是先把预算做起来再去调整。

谁说预算一定要是准确无误的？预算也可以是大概，更重要的是我们要知道哪里的数字不准。当每个月、每个季度大家在经营分析会上深入探讨的时候，多问问自己：为什么我们没有事先想到？哪里没有想到？这才是做预算最重要的目的。

做预算的目的，是为了提高我们对问题的提前预测能力。

这里我要提醒大家的是，在一个人的决策思维中，会经常在某个地方"没有想到"，这就叫作一个人的"思维缺陷"。我们可以通过预算的方法来帮助自己填补这方面的缺陷。一个人能力的提高往往不是来自天赋，而是来自快速调整，哪一方面没想到就赶紧记下来，然后改正。

以前我读书的时候，数学成绩一直不好，但是语文成绩特别好，偏科特别严重。报考大学的时候，我想考中文系，但是因为数学成绩不好，怕高考的总成绩受到影响。后来我找到了一种好的学习方法，那就是制作一个订错本，把我经常做错的地方记下来。先把错误写下来，然后再把标准答案、需要补充的知识点记下来。之后每次考试前，课本上的知识基本都不用特意去复习了，只需要专门看这个订错本，后来我的数学成绩慢慢提高了。

现在我每个月仍然要坚持看10本书，当然不是从第1页开始慢慢看起，而是先看目录，然后看前序和后序，之后再挑里面重要的章节去学习。之所以这样看书是因为我知道，选择比勤奋更重要。很多人表面看起来非常勤奋，但做的很多事情是无效的。做预算的好处之一就是要管理者和企业切合实际，贴着执行走，永远都要向前看。预算的目的就是让整个公司的管理水平不断地提高，同时这也可以提升管理者自己驾驭公司的能力。

举个生活中的例子，比如开汽车，什么样的人开得最好？往往就是那些开车的时候预判能力最好的人。最典型的预判能力，就体现在司机刹车用得最少，因为他对一些意外的问题已经提前做好了预估和准备。而对于企业管理来说，预算其实就是为了提高我们在企业经营和管理中的预估能力。

1.3.1 如何做好财务预算

接下来给大家分享的第一个板块知识点是如何做好财务预算。做好财务预算后，我们再来做绩效预算，最后再推进企业中的全面预算管理。

怎么去做财务预算？第一个要学会的四字箴言是"总额控制"。总额控制是预算中一个最基本的原则。

> 我要告诉大家一个观念，那就是成功的人和失败的人在思想上有很大的差别。成功的人往往采取逆向思维。逆向思维就是从想要什么结果，然后去做什么事，而不是做什么事就一定会有什么结果出发。

比如，一家公司有1000万元的营业额，然后进行倒推，先设定净利率为10%，也就是100万元的净利润。这两个值定下来以后，就可以进行总额倒推了。

1000万元的营业额里有600万元的直接成本，毛益空间就是400万元。这时我们就可以开始推算每个月公司的开销、租金、人员的工资……总计是100万元。假设企业有200万元的固定费用开销，这时候你会突然发现可以用的钱其实只有100万元，我们称之为变动费用。那么，明年公司再做预算管理的时候，你会发现如果要花费的钱超出100万元，就会吃掉 100 万元的净利润。

其实公司做预算的时候，要先做总的再进行细分，从 100 万元里面可以再细分，横向细分是各个项目，纵向细分是各个时间段。由此可知，对于预算的管理就在管理费用里面，费用率是多少就保底多少，先分后合。

很多公司没有大量的财务基础，有些公司的财务经理也没有大量的预算管理经验。如何做好财务预算呢？我们可以从这个角度来思考：小公司还是比较好经营的，因为小公司的很多事情都是老板在操心，他们一看就知道问题出在哪儿。牵头人一定是老板，加上财务，这两个人先把一项事情做好。做好什么事情？这里我给大家提出以下三项工作，希望大家能逐项推进。

1.3.2　模拟财务报表

做好财务预算的第一步是要模拟一下今年的账务报表，也就是先要核算一下财务的成果。要想看明年怎么做，需要先检讨今年做得怎么样。我们知道，下棋中有一个关键词语——"复盘"，这个世界上有太多的人都在忙于行动，却花费太少的时间在思考上。我们能不能花 5 分钟将一天的工作回想一下呢？能不能花 3 天的时间回想一下走过的 365 天？我想大部分人都没有去做这件事。所以在这里，我提醒企业家一定要培养自己理性思考的能力。

很多老板都是靠感性起家，因为感性可以鼓励我们敢于做，但只有理性才能支撑我们走得更远。

模拟完财务报表之后，我们需要找到事情和数字之间的关系，这个时候需要我们把会议纪要拿出来回顾一下，我们会发现 30% ～ 40% 的策略都是错误的。但对于大多数不成功的人来说，他们从来不知道哪里错了，这就需要找清事情和数字的关系，这样才能知道收益和支出的关系，才会很清晰地找到在哪些地方实行了哪些策略。

很多人一辈子缺乏自省的精神，永远都是找别人的错，总认为自己身边没有人才。其实自省是一个企业家成功的关键要素。

1.3.3　做好产品、客户、业务的价值分析

财务预算的第二件事需要财务经理去完成。这需要财务经理做好企业所有产品的毛益分析，做好之后，管理者会惊奇地发现，20% 的产品贡献了公司 80% 的利润。在此，我们希望大家能把自己企业中贡献了利润 80% 的产品找出来。事实上，太多企业有相当一部分产品占用了公司大部分的资源，却贡献的利润极少，而我们仍然不知所以地生产着。

不知道大家有没有发现一个有趣的现象：在手机市场上只有苹果公司做到了一件让人惊奇的事情，那就是将一款手机卖给所有的客户，而以前诺基亚等品牌都是将不同的手机卖给不同的客户。此外，我们发现当前手机市场上 65% 左右的利润被苹果公司赚取了，30% 左右的利润被三星赚了，剩下 5% 左右的利润让更多的手机品牌瓜分了。这就给了我们一个提醒：是不是产品越多越好？

一家公司在经营过程中往往会产生一大堆设计，原因是什么？究其原因是为了满足顾客的所有需求。但当满足所有顾客的所有需求的时候，这家公司距离倒闭也不远了。每逢年底企业做预算有一个好处，那就是可以让我们理性地把数字统计出来、分析出来，以此去发现在企业中有这么多的产品，但真正有助于实现盈利的产品其实并不多。

做好产品毛益分析后，就要开始做客户价值分析。这需要把企业中所有的客户名单拉出来，看看每位客户给公司带来的营业额是多少，公司卖给了他们哪些产品，卖的价格分别是多少，每家客户的经营贡献值是多少。

将经营贡献值减掉在客户身上所消耗的费用（把销售费用摊在客户身上，其中客户索要的服务、折扣都加上），我们将会发现在所有的客户里面，有些原来认为的"好客户""大客户"实际上对企业的贡献是负数。

当我们总是试图非常努力地满足客户的需求，但发现有些客户我们永远没有办法能够满足他们的需求时，要不要放弃这些客户？这时你也许会惊奇地发现黄金的"二八定律"，也就是只有 20% 的客户贡献了公司 80% 的利润，因此我们需要对这 20% 的价值客户更加呵护。这样分析的目的，并不是让管理者立刻做出决策，但是一定要清楚这些客户到底是谁。

创业其实是一件非常辛苦、非常复杂的事情，现在社会上都在鼓励大众创业，但是大众创业有多数都是不成功的，因为创业者所面临的问题太复杂，而且创业对个人的心力考验极大。我经常开玩笑地对身边的企业家说，大部分保险业务员的事业没有未来，因为他们总是把保险卖给亲戚以后就没有办法去挖掘更多的客户资源了。因此，我们经营企业永远都要记得，给客户创造价值，实现共赢，才是人间正道。

企业经营本质上的特征，就是客户愿不愿意为我们的劳动支付酬劳，这是经营一家企业的硬道理。所以，企业要在营业额不断扩充的过程中，不断地扩充新客户，不断地学会挑选和游离于价值客户中，这就是我们对待任何一个客户都要做好价值分析的意义所在。

我们通常会认为某一行业的某一类客户才是我们最赚钱的客户，但事实完全不是你所想象的那样。大部分企业家都会犯一个错误，那就是只在做自己喜欢的事情，却没有做自己应该做的事情。应该做的事情，其导向就是创造价值。

做完客户价值分析以后，接下来要分析的就是业务员的贡献价值，也可以称之为组织价值。

在企业中，我们提倡做事要回归人性的本源，用善良、正派去共同创造价值，然后和社会分享，这里所指的和社会分享也就是交税。企业赚了钱当然要交税，交税是一种能力的体现，赚不到钱才是一件悲剧的事情。所以，我们要学会跟社会分钱，跟供应商分钱，跟客户分钱，跟员工分钱。我们在经营公司的过程中，不要轻易对人做出评价，一定要对事情做出评价。我们要容忍个性、包容个性，评价讲求对事不对人，财富要给予创造者。谁创造了财富，就应该让他获取更多的酬劳。我经常告诉身边的朋友，公司员工之间一定要因业绩、能力等拉开收入差距，不要求绝对公平。公平体现在制度上，但分钱不求平均，分钱的规则应该是谁创造的多，谁就应该分的多。

> 做分析的过程其实就是做策略的过程，我们可以知道哪一类客户，需要派哪些业务人员，去卖哪些产品，这三者之间应该是贯通的。

经营企业其实并不难，就是要平衡好市场（客户）、产品和服务，中间依靠组织的力量，所以我们的经营策略要往这个方向进行调整，只有归于简单才容易做取舍。明年打算要怎么干？立刻把这些大体的想法告诉财务，请财务做一个明年模拟的财务报表。财务报表一出来，你会发现一个问题：缺钱。这个时候身为老板要做的就是如何把握其中的度。

有些公司资金链断掉了，不得以去借高利贷，这种状况往往是由于没有计划所导致的。今天很多所谓的"土豪"往往都是稀里糊涂赚了钱，但是到最后也往往会用稀里糊涂的方式进行消费。赚钱的时候有多快，花钱的时候就会有多快。不难发现，很多热衷于打麻将的人往往到最后都赢不了钱。赌运再好，赌徒也从来不会积累财富。今天我们看到身边的一些人对金钱盲目崇拜，对互联网盲目崇拜，对股市也盲目崇拜，可以预想在未来5年中，被"洗钱"最快的就是这些人。

1.3.4　平衡资源，调整经营决策

企业要平衡资源，调整经营决策，就要把握好"度"，而这个"度"的关键就是经营的节奏。

企业家的节奏本身，就应该像马拉松跑步一样。在跑步的过程中，经常容易出状况的人往往有两大特征：第一大特征，他们都是跑半程以内的人。因为这些人从心理上会对此轻视，觉得马拉松半程比全程更好跑。那些敢于跑全程马拉松的人往往已有一段时间的训练基础，所以更容易成功和坚持。第二大特征，他们都是年轻人。为什么年轻人容易出状况？因为他们会盲目用力，认为自己有体力。实际上，经理人要有节奏感，节奏乱了资金流就断了，企业就会失控，也就赚不到钱了。

> 做企业难在什么地方？除了眼前要赚钱，未来也要持续地赚钱，这是企业经营的一个非常重要的关键点。

以上就是我为大家分享的预算的第一个阶段——财务预算。希望各家企业的管理者能够把这项工作做得彻底，因为只有把第一个阶段做好，再做第二个阶段、第三个阶段的时候才会更加游刃有余。

Chapter

02

第 2 章

如何通过绩效来保证预算的实施

　　预算管理有三个阶段：第一个阶段是财务阶段，第二个阶段是绩效阶段，第三个阶段是全面预算管理阶段。对于一般的中小型企业来说，差不多在几亿元销售额的情况下，能做好绩效考核已经是非常不错的企业了。

　　绩效考核推动预算实施的阶段，在我们原来所辅导的一家制造类企业整整用了三年的时间。其间，企业经历了很多的甜酸苦辣。在这里把这个经验分享给大家，希望能让大家在做绩效考核的时候，在公司预算保证实施的情况下，不再走很多弯路。

　　接下来通过以下四个方面来跟大家进行讲解：

　　第一，为什么要通过绩效来使预算落地？

　　第二，在做绩效的过程中如何进行设置？

　　第三，以一家制造类企业为例，剖析多年来在做绩效的时候碰到的很多问题，以及它是如何解决的。

第四，给要做绩效阶段预算的企业家一些忠告。

2.1　为什么要通过绩效来使预算落地

基于多年管理企业的经验，我们把绩效比作路径，而预算是我们的目标。大家都知道做预算的时候，是管理者在做规划，至少是经理层以上甚至是主管级以上，才会参与整个公司的预算制定。但是预算一旦制定以后，要完成明年的目标，就需要靠公司每一个岗位上的每一位员工，由他们点滴的付出汇聚成河才能达成目标。所以，第一，预算是一个公司的战略目标，而绩效则是通往这个目标的一条路径。

跟大家分享一个故事。

《《《【案例与思考】有目标就一定会胜利吗

国外的一位大学教授做了一个测试，他安排了三个队伍，这三个队伍分别由三个导游带领，他们要走过一条 15 公里的山路。在出发之前，这位教授给他们分别设计了三个环节。

第一个队伍的导游在出发之前，对他的队员说："你们每天只要跟着我走，我会保证把你们带到目的地，其他的你们不用管。"

第二个队伍的导游在每天出发前，会对他的队员说今天要到达哪座山，会有多远的距离。

第三个队伍的导游每天出发之前，首先会告诉队员早上几点之前要到哪一个地点，到达以后会跟队员说他们的下一个目的地在什么地方。

这段崎岖的山路总共需要三天才能走完，但是第一个队伍在第一天就退出了，他们说："我们不干了，因为我们看不到希望和未来，不知道你要把我们带到什么地方。"

最后只剩下第三个队伍坚持了下来。为什么第三个队伍会胜利？因为他们既知道自己做到了什么，又清楚自己未来要做到什么，他们既有阶段的目标又有总的目标，所以他们才能坚持到最后。

这是一个真实发生的故事，它教会我们：预算一定要做好。预算是一个宏观的目标，但是广大员工在实施的时候，我们必须要给他们阶段性的前进方向和指导。我们可以通过绩效的数字，来实时地纠正错误和方向。绩效可以让所有的部门及员工统一目标，让大家成为一根绳上的蚂蚱。绩效的设置最主要的是要带动企业员工工作的动力和积极性，同时还可以使我们的管理透明化。我们必须要实时地知道管理的进程和数据，如果设置了绩效，就可以通过考核的周期来知道整个业绩的完成情况，是否按照事先预算的目标一步一步地达到了。所以，员工和管理者就会知道他们一直都在提高，他们的业绩提高了多少。

如果你的公司明年的预算是要冲销量，比如销售额目标要增长 20%，那么你会如何调动公司的资源，也就是人、财、物呢？管理者要学会思维境界化，如果销售要增长，人、财、物就要进行配备；如果业绩需要提高，就要把公司的资源有目的地倾向和调配。

第二，预算可以提高企业的风险管控能力。因为通过绩效管理，企业可以通过绩效实施，让费用得以控制，让现金流也得以控制。

第三，预算可以使管理变得简单化。很多公司在 12 月做绩效的时候，整个管理层实际上非常痛苦，因为这其实是在跟人的心力做斗争。每个部门的管理者都想多分配资源，少完成业绩，所以做绩效的过程其实也是老板和经理人在进行博弈的过程。如何去调动他们的积极性，就成为一项挑战。绩效可以让管理变得简单化，使公司各个部门、各个岗位的目标明确。

第四，老板可以变得更加轻松。其实这才是老板最终的目的，但是很难达到。很多公司想要建立绩效管理机制，该机制建立以后却发现没有起到实际的作用。让老板变得轻松，就是让结果数字化，因为每个月都由考核的数字来展示公司的运营情况。这四条就是我们保证预算实施的原因所在。

2.2　绩效的设置

绩效的设置是一个非常重要的环节。很多 YTT 的企业家同学会经常和我交流学习，我也会向他们展示我们所辅导的公司是如何实现绩效的。很多同学听完或了解一家公司好的绩效管理措施以后，会从口袋里掏出一个 U 盘，说："这家公司绩效做得非常好，能把所有的电子文档都拷给我吗？"资料里往往有一套绩效管理措施涉及岗位说明书、流程作业指导书，还包括一些绩效考核表、绩效考核指标的说明。

每当此时，我都会满足他们的要求，但是在给他们资料之前也会跟他们讲："这套绩效管理措施不是万能胶，在这家公司能实施，到你们公司未必适用。土壤不同，种出来的东西也不一样。"所以，对于企业家来说，还是应该消化吸收这些资料，然后形成一套能给自己公司的预算带来效果的绩效，而不是照搬别人的东西。

2.2.1　什么样的企业可以设置绩效考核

什么样的企业可以设置绩效考核？你的企业是否具备了设置绩效的基础？不妨从以下四个方面来思考。

第一，是否具有一定企业的文化背景，这非常关键。这体现在什么地方？这主要体现在你的公司里是否有完善的员工手册或者公司制度的指导书。在一家好的公司里，所有的行为规范都会被编成一本员工手册，包括从公司创立之初的战略目标、公司未来的愿景，以及公司所有的规章制度、奖惩制度、福利制度和未来员工的发展制度。你的公司是否有这样一本具备企业文化基础的册子？

第二，企业组织架构要趋于完善。这体现在你是否有一幅完整的公司组织架构图，考核者在进行监督的时候，需要组织架构的流程来相互地制约和规范。当企业的组织架构模糊的时候，你就会找不到考核者。比如你想要考核一个岗位，你认为这个数据是由该岗位的员工提供好，还是由相关部门的人提供好？如果指标是他自己制定的，又是他自己实施考核，这个指标还有意义吗？它的正确性会偏低，因为人对自己有容忍度，这个数据的真实性就会让人质疑。

第三，岗位职责要明确，就是公司的每一个岗位都要有完善的岗位说明书。一个岗位需要做哪些工作、工作内容的权重，以及该岗位员工直接汇报的对象等，每一个岗位都要有这么一份岗位说明书。

同时要注意看岗位说明书中权重最大的部分是不是这个岗位主要的工作内容。这里要有一个匹配度，所以在岗位职责里权重最大的部分，肯定也是绩效考核中权重最大的部分，而且这个权重最大的部分要跟公司的总目标相关。例如，你的公司总目标是要冲销量，采购经理就必须保证高效地采购好的东西，这样才能为业务员快速地把好的东西卖给客户打好基础。那么，在这个采购部门的岗位说明书中，权重最大的一块就应该是考核采购部门采买的质量及保证准时入库。

第四，公司的流程要比较健全。每家公司都有流程文件，比如汽车行业的企业，其文件就应该按照汽车行业的来，同时要具有相匹配的一些指示文件。

如果你具备了以上这四个条件，那么恭喜你，你的企业就具备了实现绩效的肥沃土壤，当你选择一颗好的种子播种下去后，往往就能收获好的结果（见图2-1）。

体系文件
部门流程文件

员工手册

岗位说明书
（要有权重）

公司组织架构图

图 2-1　企业可以实现绩效的条件

2.2.2　绩效考核前的准备工作

当具备了实现绩效的基础之后，公司在做绩效考核之前，还需要做以下一些准备工作：

第一，核对并修正组织架构及岗位说明书。因为在一年的考核过程中，有些岗位的人员会有变动，相应的考核会根据他的工作内容发生变化。所以到了年底，人事行政部门需要将绩效考核相关内容梳理一遍，看整个公司的组织架构和岗位说明书与实际情况是否相匹配。要做到公司实际情况怎样，就要怎么写。

第二，设定被考核岗位的考核指标及相应的权重。你想考核的岗位有几项指标，在设置权重的时候，一定要与岗位说明书中的权重比例相一致。

第三，编写考核指标说明以及以数据提供作业指导书。我们要为指标做一个解释，这样可以让我们在实施绩效考核的过程中，有效地把数据抓取出来。

比如有的制造业公司对入库及时率做出了以下说明：实际入库时间与订单评审要求入库时间对比，实际入库时间只要晚于订单评审要求的入库时间，即为入库不及时；该批次订单入库数量如果没有完成订单评审要求的数量，也记为入库不及时；如果尾数不齐但客户同意关闭订单的，记为及时。这里面设定了三个情节，第一个是实际入库的时间比订单的评审时间晚，要记录为不及时。第二个是需要入库 100 个，但是实际只入库 98 个，准时入库了，但是数量不够，那么这时候有两种情况：如果客户不同意把另外两个订单关闭，说明你的订单还是开放的，那么就要记为不及时；如果客户同意这两个可以在订单中取消，挪到下一个订单中，那么公司就把它记为及时。这就是在编写指标的时候要做出的所有情况的说明。

第四，确定被考核岗位的绩效工资比例。有的公司是从每个岗位的总收入里拿出一部分作为绩效工资，在这里建议大家将文职和非技术岗位的绩效工资比例控制在 5% ～ 10%，而公司业绩贡献岗位的绩效工资比例建议在 10% ～ 20%。

比如，一个员工的总工资是 5000 元，考核 5% ～ 10% 的区间，也就是 250 ～ 500 元，这个就是文职类岗位的绩效工资。而业绩贡献大的岗位，像销售类型的公司，公司的业绩主要靠业务员，或者技术类的公司的业绩要通过工程师或者开发人员来完成，那么这些岗位我们建议绩效工资占 10% ～ 20%。同样工资 5000 元，这个岗位的绩效工资就要在 500 ～ 1000 元的区间。这是我们对一些制造类公司运行多年的绩效管理进行总结后，确定的较合理的一个设置，大家也可以根据公司的具体情况进行实际的调整。但是希望大家的调整遵循一个原则，就是越基层的员工，绩效工资占比越不要太大。设置太大可能会给他的基本生活造成影响，所以绩效工资占比千万不要设置太大。

第五，确定被考核岗位的绩效得分区间等级以及奖惩比例。这个比例建议在 1.5 ～ 2 倍。

我们已经为这个岗位设定好了绩效工资，比如这个岗位是文职类的，占 10%，所以其绩效工资是 500 元。那么，该岗位的工资架构就是基本工资 4500 元，加上绩效工资 500 元。

如表 2-1 所示，之所以将比例设置在 1.5 ～ 2 倍，是因为我们往往在绩效考核中设置 5 个档位——A、B、C、D、E。C 的级别是 0，B 是 1.5倍，A 是 2 倍，D 是 –1.5 倍，E 是 –2 倍。90 ～ 100 分是 A，80 ～ 90 分是B，70 ～ 80 分是 C，60 ～ 70 分是 D，60 分以下是 E。如果他的绩效考核分数是 C，那么就不加也不扣，绩效工资就是 500 元；如果他的绩效分数是 B，那他的绩效工资就是 750 元；如果他的绩效分数是 A，那么他的绩效工资就是 1000 元；如果他的绩效分数是 D，就要扣 200 元，其绩效工资就是 250 元。

表 2-1　绩效得分区间等级以及奖惩比例

等级	A	B	C	D	E
分值	90 ～ 100 分	80 ～ 90 分	70 ～ 80 分	60 ～ 70 分	60 分以下
绩效奖惩倍数	2 倍	1.5 倍	0	–1.5 倍	–2 倍

第六，成立一个绩效考核小组，来做绩效的培训、推动和监督工作。在绩效完善的公司，整个绩效考核措施的制定、修正，或者在实际过程中碰到有员工对某个岗位有疑义、申诉，都是由这个绩效考核小组来处理的。所以，绩效考核应该是由总经理或副总经理亲自带队，小组成员包括公司各个岗位、各个部门抽调的精兵强将，最好是各个部门的一二把手亲自参与。

第七，当所有的东西整理好以后，我们要与被考核者签订绩效考核备忘录。这个备忘录可以每个考核周期签订一次，也可以一年签订一次，视企业的考核周期而定。如果你的公司属于业态波动大的，建议你可以三个月或者半年签订一次，也可以进行"滚动"。

以上是我们在做绩效考核之前需要做的七件事，大家一定要认认真真地去做。当绩效考核的准备工作全部完成以后，在绩效考核中还需要注意以下几个问题。

2.2.3　绩效设置中要注意的几点

第一，考核的指标设置不宜过多。第一次设置绩效考核的企业都会犯一个通病，就是在一个岗位上设置很多的考核指标。之前我们了解到有一家企业在一个岗位上设置了 15 项指标，这样一天到晚是在工作，还是在关注指标？指标的设置要围绕着工作的主要方向，所以我们建议不要设得太多，最多不要超过 5 项。

第二，指标设置的匹配度。权重最大的部分，肯定是公司年度预算的主指标。如果你公司明年的整个战略目标是要冲销售，那么业务部门的主指标就是销售增长，采购部门的主指标就是准时入库。这些都是环环相套的，如果采购部门无法给业务部门提供质量好且能准时让业务人员卖的东西，公司的目标实现起来就会相对比较难。

第三，指标的透明度。要让被考核者和提供数据方都能实时知道数据的情况。每设置一项绩效考核的目标，你都要问一下自己，对于这项指标，被考核者是否能与考核者同时知道。比如，我们给业务部设立的指标是销售达成率，如果这个指标的提供方是财务部门，那么在财务知道的同时，业务员能不能同时知道？如果能同时知道，我们就认为这个指标是合理的；如果不能同时知道，那么这个就有时效性上的缺点。一定要让考核者和被考核者实时地知道自己的数据，这样考核者就能知道自己的工作方向。

第四，考核指标的调整。这个调整是带有技术含量的，你可以调整指标的说明、权重、目标，以及得分方法。这四种工具就像厨师的四个调味品，什么东西加得多了，什么东西加得少了，烧出来的菜的味道是不一样的。

下面我们就给大家实际模拟一下，看看调整指标说明、权重、目标和得分方法，最终得出来的结果会是什么样的。

《《《【案例与思考】一家制造类企业的考核指标实际模拟

如果某企业 2015 年的销售额是 5000 万元，其预算目标是 2016 年要增长 20%，变成 6000 万元，那么我们来设置一下业务经理的绩效考核指标。

公司要实现 6000 万元的销售额，第一个指标可以设置销售目标达成。

指标的说明就是以什么来确定销售目标达成了。每家公司核算销售完成的截止日期是不一样的，有的公司以开给客户发票算作销售完成，有的只要把送货单开出去就算销售达成，有的公司把钱收回来才算作销售达成。比如，我们以每个月发票开出多少算你的销售收入，这个指标就可以以销售客户发票开出记为销售达成。

把东西卖出去之后还要把钱收回来，所以第二个指标是回款。

第三个指标可以设为客户投诉，但是这个指标很难衡量客户投诉的范围。这家公司的业务部在 2014 年的时候设过客户投诉的指标，只要客户因为业务人员对订单的回复，包括紧急事情的处理没有达到要求，而客户反馈到其上级部门的，有一次就记一次。这家公司当时的指标说明是这么来定的，即客户的投诉要投到业务员的上级部门，但是后来为什么不用这个指标了？因为这个指标最后很难抓，很多数据都不能由其他部门来提供，客户投诉到老板那儿，肯定已经是重大问题了，所以基本上经理层面就会处理，那么这个指标就是他们自己揪自己的小辫子。像这样的指标就需要被淘汰掉。

在这里教给大家一个技巧，就是在第一次给某个岗位设置绩效的时候，你可以想到什么就往上面放，不要阻碍自己的想法，放完之后可以再一个个进行筛选，最终保留精华。

现在设置的第一个指标是销售目标达成，第二个指标是回款达成，第三个指标可以设置为新客户成交。

接下来我们要设置权重。设置权重的时候，也给大家提一个建议。第一次设置的时候，不要追求准确，可以把销售目标达成设置为 80%，回款达成设置为 15%，剩下的新客户成交就是 5%。权重设置完成以后，最后一步是设定得分方法。

首先我们要模拟这个业务员的历史数据是多少，这时候需要财务人员来提供这些数据。既然销售目标需要提升20%，那就必须要知道所能容忍的最低限度是多少，这个业务经理如果还没有完成去年的5000万元，你能容忍吗？

得分方式A、B、C、D、E可以这么设置：6000万元为100分，5000万元为70分，这样1000万元的差别就有30分的区间。在设置指标的时候都是整数、理论值，但是在实际操作的时候，销售额肯定是有小数的，所以建议大家设区间时，每下降50万元的区间就在100分的基础上减1.5分。

接下来是回款达成，这也需要财务部门提供历史数据。比如原来销售部门的回款率每个月平均水平在95%，那么今年肯定要比95%好。你可以设定达到98%就为100分；达到95%，为70分。所以这里面就是3个百分点，分数相差30分，那么每下降1%的区间就在100分的基础上减10分。

为什么要用"区间"这两个字？区间是什么概念？就是如果设定的指标是98%，现在实际出来的数据是96.76%，那就是下降了两个区间。最残酷的就是得分是96.99%，却还是两个区间，差了万分之一就跨到另外一个区间去了。所以如果是96.76%，其分数就是80分。对于新客户成交的指标，也要设置一个得分方式，可以看该业务员一年开发多少个新客户。如果他能开发10个，给他设为100分；5个就是70分。这个是没有区间的，一个就是一个，所以每下降一个得分就在100分的基础上减6分。

以上就是业务经理主要考核指标的初稿，下面来做一下模拟。在这里也希望企业家在进行绩效考核设置的时候，每设置一个指标都做一下模拟，看看合不合理。

我们要模拟两个场景，一个场景是这个业务经理没有能力，他就完成了5000万元。他的得分就是70分，权重为80%，所以销售目标达成的最后得分就是56分。关于回款，假设他是96.76%，那他就要扣掉20分，这项指标的权重是 15%，所以他的最后得分是 12 分。关于第三个指标——新客户成交，他只开发了 5 个新客户，就是 70 分，这项指标的权重是 5%，所以他的最后得分是 3.5 分。他的三项指标加起来的得分就是 71.5 分，这样的结果就是：那个业务经理的销售指标没有实现老板想要的结果，只是和去年的一样；回款率只是比去年稍微上升一点，而在新客户成交方面，公司想让他开发 10 个，但他只开发了 5 个，结果他的绩效考核是 C，不扣钱也不奖励。你认为这个结果是你想要的吗？

如果想让他扣钱，那么这个绩效考核的指标就需要调整，低于 70 分才可以。第一，可以调整得分方式，原本 5000 万元设定的是 70 分，你可以调成完成 5000 万元是 60 分。第二，可以用权重来进行调整，就是把他做得不好的这一块权重加大，可以把销售目标达成的权重改为 60%，回款达成提高为 30%，新客户成交变为 10%。回款达成的得分方式可以改为 100% 是 100 分，98% 是 90 分，这样减少两个得分区间就变成了 70 分，他这项指标的分数就变为 21 分。新客户成交的分数就由原来的 3.5 分变为 7 分。销售目标达成只有 60 分，权重 60%，所以只有 36 分。那么，现在他的总得分就是 36+21+7，一共是 64 分。这就达到了你的要求，绩效考核变成 D，会被扣钱。所以，你可以通过类似这样的模拟，来调整被考核人员的最终结果。

2.3　在绩效考核执行过程中碰到的问题及解决方案

在绩效考核执行的过程中，你有可能会碰到很多意想不到的问题。

第一个问题是指标设得太低，被考核岗位的任务很容易被完成。

经过调查，会出现这个问题的原因在于：

一是在设定指标的时候没有做充分的数据采集。所有指标的设置一定要有基础数据，如果没有做充分的数据调查，而只是盲目地设计一项指标，这项指标可能会变得很容易完成。

二是提供数据的岗位没有核实数据的真实性。采取数据的真实性、可靠性和严谨性，是考核这个岗位能不能为整体预算做出贡献的非常关键的一点。如果数据提供得不准确，会错误地引导公司的经营方向。所以，如果提供的数据不真实，这项指标也会变得很容易完成。

【解决方案】

我们的解决方案是，首先不建议在考核期内改变指标的设定，因为被考核者会觉得你不严谨。一开始设立绩效考核时，就要在公司设置绩效考核小组，让这个小组去做这些事情的推进工作，同时在数据的严谨度上下功夫。

第二个问题是指标设得太高，被考核岗位的任务很难被完成。

这其实是由于没有考虑到资源的相对匹配性而导致的，不是他个人的努力就能决定他的结果，是他的上游或者下游岗位使得他的指标无法完成。另一个原因可能是提供数据的作业指导书上关于数据的来源定义模糊。

【解决方案】

我们的解决方案就是通过绩效考核小组来疏通这个环节。如果你要改变绩效考核的流程，首先要去修订作业指导书（这是一个做绩效考核的方向性的指导流程文件），你必须要先修改文件，再培训执行者。

第三个问题是公司的主指标和部门的个人指标在分解上出现了问题。

在这里给大家分享一个案例。

◀◀◀【案例与思考】如何合理地设定控制指标

一家公司设置了一个考核公司产品质量的指标——不良率，100万个零件当中允许出现 5000 个不良品，相当于 99.5% 的合格率。

　　这家公司一共有 5 个质量工程师，当这个指标从公司到部门再到个人执行的时候，没有做充分的分解。公司要求 5000 个，部门也是 5000 个，每个质量工程师仍是 5000 个，这样会出现什么问题？这 5 个质量工程师每个月的指标都很好。

　　他们是这样去处理的，不建议在考核期间改指标，这个 5000 的指标摊在 5 个工程师身上，每个工程师 1000 并不合适。所以，他们从内控上下功夫。质量经理每周都要对指标进行关注，一旦有一个工程师出现有客户投诉，使指标上升，那么他就要防止此类质量事故的再次发生。让其他工程师在操作过程中，把这个指标做相应的控制，这样就能从整个部门的流程上对这个指标进行总的控制。

　　第四个问题是文职岗位指标完成度每次都是 100%。

　　虽然文职岗位人员的绩效工资占比只有 5%～10%，每个月也就多拿 200 元钱，但其他业绩贡献高的岗位人员会不乐意。比如业务部门、资财部门或者一些制造部门人员，他们每天都在为这个百分之零点几努力着，但是看到行政部门这类文职岗位的人员每次都完成得很好，其工作积极性会受到打击。

【解决方案】

　　我们的解决方案就是把文职岗位从绩效考核中拿掉，第一年拿掉的时候，该岗位人员的意见也很大，因为收入变少了。这时候绩效考核小组又发挥作用了，通过对薪资结构进行调整来为文职岗位重新设定整个薪资架构，这样既解决了收入问题，又解决了能动力的问题。

　　以上是我们给大家分享的关于企业在绩效管理过程中所碰到的四个非

常普遍的问题，这四个问题我相信大家在企业经营管理过程中多多少少也会碰到，所以这也给了大家一个很好的提醒和参考。

2.4   实施绩效考核的四点忠告

下面来给大家讲一下在实施绩效考核中的几点忠告，这也是我们这么多年来经验的结晶。

第一，绩效考核管理是一把手的工程。预算一定要由老板来牵头，哪怕不亲自参与，也一定要带头主导这项工作的内容制定及实施。在绩效考核实施过程中可以听取大部分人的意见，采集很多的数据，这时候下面的普通员工也可以提意见，但是要经理层来商量，既可以一个人做决定，也可以由全体绩效小组成员进行民意表决。

第二，绩效考核管理是一把双刃剑。舞得好可能会给整个公司的业绩和发展带来很好的影响；如果舞得不好，不但会阻碍企业的发展，可能还会伤到自己。在绩效考核中把企业做垮的例子也比比皆是，所以绩效考核要一步步地来，一定要经过前期准备工作，才能设置绩效考核。

这里给大家提一个建议，即第一年设定完绩效标准以后进行考核的时候，可以只推行绩效，不与工资挂钩。也就是要进行指标试运行，各个部门试运行一年，这一年中要抓取数据、进行考核，检验所有的指标在实际运用后最终得出的结果是什么，可以为第二年做好绩效积累一些经验。你如果决定要进行绩效考核，那么希望你一定要坚定不移地走下去，不能半途而废，这会打击公司整个团队的积极性。如果发现指标有问题，也不要半途进行修改，而要等到下一个考核周期再去改。

第三，绩效管理是管理层为完成公司年度预算，给下属设定的一个游戏规则。这个游戏规则由你设计，所以可以通过调整指标、权重、得分方式、绩效工资占比来定义下属努力工作的方向。你想让他做什么，就可以把主要指标的权重加大。

第四，尽量将数据采集的部门设定为非本部门。我们现在差不多 95% 的考核指标所需数据都可以通过非本部门来采集，但也有个别指标是没有办法让其他部门来采集的，所以在每个月提供数据的时候，绩效考核小组首先要抽查的就是这些数据。如果是从其他部门的系统里获得的数据，它的真实可靠性还是很高的。

综上，第一，讲了为什么要通过绩效来使预算落地；第二，讲了绩效的设置；第三，讲了绩效在公司运行的过程中，碰到的一些问题和解决方案；第四，给大家提供了四点绩效考核的忠告。

2.5　本章总结

第一，所有的绩效考核都应该建立在完善的岗位职责和成熟的工作流程上。

第二，考核的成功是基于公司稳定的人员和沉淀的企业文化。公司内部特别复杂，往往就没有办法实行绩效考核。有些人在国内推销绩效管理时提出的口号为："只要加强绩效管理，业绩就会成倍增长。"你们相信吗？不要轻易相信，因为这些人本身就没做过企业家，只有经理人才会把绩效考核放大。

其实公司最大的成功来自策略、发现机会。做老板的永远不要放大经理人在执行中的作用，更不要放大绩效在执行中的作用。老板最大的作用是让你的员工做事更轻松，而不是进行考核。绩效考核建立在完善的制度和正确的策略上，是执行的推进力，所以千万不要把它放得太大，否则整个企业的文化就会变形。成熟的企业文化、完善的制度、明确的岗位职责，这些都是非常重要的基础。

第三，关注指标设计的程度。指标的确定应该：①基于资源，因为基于资源是最有把握的；②基于能力，基于能力设计的指标往往是经理人注重的指标；③基于机会，也就是客户的成长性；④基于战略布局；⑤基于欲望驱动，对欲望进行节奏控制，在实施绩效的过程中要把节奏感控制起来。

在这里我们再三提醒大家的是，在工作中先不要想考核，先要想实现更大的目标。考核可以弹性进行。我们可以用 EVA 的方式进行分层，不是年薪制，而是实行分享制，只要员工绩效冲得越高，就拿得越多，要鼓励大家永远争取更高。

团队的狼性首先来自敢想敢做和创新，如果没有争取更大胜利的欲望，则所有的指标设定都会显得没有驱动性。当指标能够定得更有驱动性的时候，你会发现整个团队的干劲和创新形式就是不一样的。

老板和财务总监如何配合抓预算

本章要跟大家分享的主题是"老板和财务总监如何配合抓预算"，主要分为三个部分：

- 第一部分讲述如何与老板商讨下一年公司的经营战略；
- 第二部分讲述预算指标的分解下达与贯彻执行；
- 第三部分讲述怎么去进行现场宣导。

3.1 与老板商讨战略

《《《【案例与思考】制造类企业的预算管理如何做到从无到有

本案例源自一家真实存在的制造类企业，三年前它是如何编制预算的呢？三年前这家公司的状况是：

只有一个总目标，没有清晰的过程管控；

只有一个总额，没有月度明细，不知道到底能不能完成；

从不考虑收款的问题，按照日常的经营活动编制收款、付款；

供应商的贷款是按照原来的账期支付。

……

到了去年年底这家公司又是如何编制明年的预算呢？它收集了去年企业内外部的信息。企业的内部信息主要是企业近几年的成长情况、所有客户每年的报价和单据。外部的信息是每年9月底、10月初，让销售部门去拜访所有客户，从客户那里带回他们下一年的成长点、公司可以达成的销售目标。

除此之外，还要考虑自己公司的未来战略、资源、投资，以及一些大的环境变化因素，预先做出一个初步预算，主要包含销售额、费用、利润及现金流（见图3-1）。

收集信息	未来经营变化	初步性预算指标
√ 企业内部信息	√ 未来战略	√ 销售额
√ 企业外部信息	√ 资源	√ 费用
	√ 投资	√ 利润
	√ 环境变化	√ 现金流

图 3-1　制造类企业的预算编制步骤

有了这个初步的预算，公司就可以进一步做下面的业务预算、资金预算、制造费用预算及现金预算。一般首次确定的测算指标会比按理论测算的指标高一些。

3.1.1　业务预算

业务预算主要指的是与本企业基本生产经营活动相关的预算，主要包括：销售预算、生产预算、材料预算、人工预算及费用预算。

3.1.2　资金预算

资金预算是指对本企业下一年度的资金使用状况做一个初步合理的预测。这主要包括两部分：第一部分是日常生产经营活动的现金流量的收支情况；第二部分是预测下一年度是否会有重大的投资活动。财务预算是指现金收支预算、对经营成果的预估、财务状况的预算。也就是明年一年能赚多少钱，赚了多少利润，现金流增加了多少，资产结构会如何变化，形成预计利润表、预计现金流量表、预计资产负债表。在整个预算过程中，销售预算是整个预算编制工作的起点和主要依据，以模拟公司需要多少支出。

3.1.3　制造费用预算

制造费用预算的编制主要分为变动制造费用和固定制造费用（见图 3-2）。变动制造费用是以生产为基础，主要是提高效率，在单位时间内尽可能多做；固定制造费用主要是资产投入或者厂房设备，尽量发挥它的整体效能，这是决策的问题。产品成本预算的编制主要分为生产预算、材料历史成本预算、人工预算及制造费用预算。销售费用预算主要根据销售额编制而成，随着销售额的增加，它的费用占比绝对不小，所以不能轻易地增加它的比例。

图 3-2　制造费用预算的编制

3.1.4　现金预算

现金预算是财务预算的核心。现金预算的编制以各项业务预算、资金预算的数据为基础，是财务预算的核心。真金白银能收多少？支出多少？收入减去支出有没有盈余？不够就进行筹措。要考虑到资金的正确利用，不能让它躺在账上不盈利。

现金预算的内容包括：

- 现金的收入
- 支出
- 盈赤（现金的多余或不足）
- 筹措与利用

预计利润表：对企业经营成果的预测，根据业务预算编制而成。

预计现金流量表：根据业务预算，并结合公司收、付款的历史政策以及以资金预算为基础进行编制。

预计资产负债表：对企业财务状况的预测，根据期初资产负债表、预计利润表、预计现金流量表等编制而成，预估到了年末公司的资产结构发生了哪些变化。

需要注意的是：

（1）注意各预算执行单位之间的权责关系，注意权责的划分、分解。

（2）预算管理体系中权责不明，会直接影响到预算的执行和考核。

（3）要成功地达到预算控制、考核的目的，应得到公司管理层、员工的认知与支持，明确职责，建立完善的预算管理体系。

（4）关于预算考核，重点是确定考核指标，而且考核指标一定要合理。

这家制造类公司的财务总监本身财务技术很好，但和大多数公司的财务总监一样有一个苦恼：老板不重视自己，不重视自己提供的数据和报表。自从学习过我的授课体系课程之后，他的工作状态发生了很大的变化。

转变之后，他在公司里做的第一件事情就是成立数据小组，带着数据小组的成员收集数据,为生产打下基础,对 6000 多种产品的毛益都进行了重新梳理。他所做的第二件事情是重视客户的反馈,通过电话等方式咨询不同的客户。

在成本预算方面,他带头针对料、工、费采取措施。

"料":建立和健全材料物资的计量、收发、领退和盘点制度,建立和健全原始记录工作;

"工":一定要确定一种可靠的计价和分摊结转方法。

"费":在计算费用时要正确划分各种费用界限。其一是生产费用,比如设备的维修费用,维修费用与数量没有关系;其二是分清产品与产品之间的生产费用;其三是不能把所有的费用都放在完工产品上。

此外,财务总监还重新编制了产品盈利分析表、客户价值分析表、供应商价值分析表及业务员价值分析表。梳理过后,公司当年度下半年及第二年度上半年,共计向国家专利局申请实用新型专利 13 个,申请发明专利 15 个,并成功于第二年度让公司通过了国家高新技术企业的认定。通过此举的税率优惠和研发项目扣除加计 50% 的税前抵扣优惠,两年为公司节约所得税近 400 万元。除此之外,在两年间利用公司的技改项目向国家申请技改扶持资金 120 万元。可想而知,财务总监的一番思维变化和实干举措,扭转了之前老板不重视财务的现状。

学完利润管理的课程,这家制造类公司的财务总监掌握了三大财务报表,以前是基于计算的理念,对数据没有形成逻辑关系;找到了提高利润和盈利水平的有效途径与方法;建立了清晰的成本控制意识;强化了现金流意识,提高了资金的运作效率;学会了使用财务管理工具,加强企业内部的管理;完善了各部门组织机构,增强了实际操作能力,有效地防范和控制了风险;掌握了提高企业整体效益的方式方法(见图 3-3)。

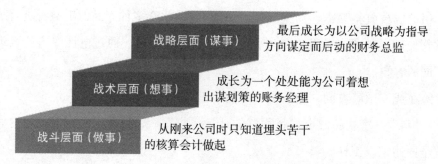

图 3-3　财务工作的三个层面

3.2　预算指标的分解下达与贯彻执行

在一般情况下，决策者总是希望收入更高一些，支出尽量少一点，可以使用的费用多一些，所以指标的分解、下达非常重要。如果指标太高，执行部门会看不到希望，就会敷衍或抵触；如果指标设置得过低，第一不利于调动积极性，大家轻轻松松地就完成了，第二可能会浪费公司的资源。

> 指标过高，执行部门看不到希望，或敷衍或抵触。指标过低既不利于调动积极性，还可能浪费企业资源。

3.2.1　费用指标

这家制造类公司的初期指标有收入、成本、利润、费用及现金流，这五项指标一定要继续分解（见图 3-4）。

比如收入指标，对销售部门来说要做好部署，部门、客户、业务员，分得越细越好，通过指标层层分解，把指标具体落实到执行人身上，做到事事有责任人（见图 3-5）。

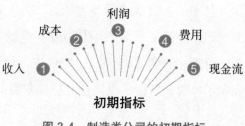

图 3-4　制造类公司的初期指标

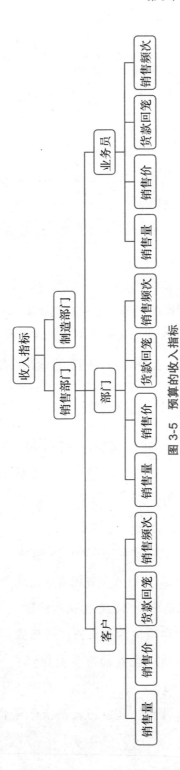

图 3-5　预算的收入指标

对于费用指标，必须按照公司总体的战略目标，依据历史情况和明年的预期提前规划好。这里有个 16 字方针：**总额控制、定额管理、销售配比、进度花钱**。

关于费用指标，有以下三个注意事项：

（1）在编制预算的过程中，必须按照公司总体战略目标，依据历史情况和明年预期提前规划好费用。

（2）使用部门、人、时机与频次，控制好花钱进度，使之与销售目标达成一致。

（3）严格控制好费用总额，绝不允许出现预算外支出。

在预算过程中要合理配置资源，把钱花到该花的地方。作为财务总监，要十分清楚已有的资源和将被投入的地方，对所能产生的效益要做到胸有成竹。就算没有百分之百的把握，最起码对这钱花得值不值要心中有数。

3.2.2　现金流指标

举一个例子来说明如何将现金流指标进行分解。

从盈利方面讲，现金流量净利率指标 = 经营活动现金流量净额 / 净利润 × 100%（赚得多），因为公司有很多的固定费用，在利润方面有些是相应扣除的，但是在现金流量方面不用扣钱。

从运营能力方面讲，销售质量比率指标 = 销售商品、提供劳务现金收入 / 总收入 × 100%（收得多），收入是靠销售还是靠产品的竞争力？每个月公司收到了多少钱，可以把它概括为现金销售质量。

从偿债能力方面讲，净现金流动负债比率指标 = 经营净现金 / 流动负债 × 100%（余得多），现金对企业而言具有保障能力，比如说公司拟有 1000 万元的欠款，但是有 2000 万元的现金，那就不用怕。

从发展能力方面讲，净销售现金增长率指标 = 本年收取现金增加额 /

上年现金销售收入 ×100%（增得多），就是今年的现金流增加和上一年的现金增加比例是多少，去年收了 1 亿元，今年收了 8000 万元，其他指标都很好，但是比去年少收了 2000 万元，那就是整体的现金流在走下坡路。一家企业在一定时间内，可以动用现金流但没有办法篡改，账上有钱就是有钱，没有钱就是没有钱，但是利润是可以调整的。

对企业经营管理者进行考评时，对具体数字的分析不能仅仅停留在数字的表象上，而要结合本企业的实际，透过数字看事物的内在联系和本质，从而做出正确的、客观的、公正的考评。预算只是一个工具，身为财务总监一定要比常人付出更多的辛苦和汗水，才能真正地达成公司的战略。企业中预算的作用与财务总监的组织、协调和监督是息息相关的。

3.2.3　统合并收集数据

统合并收集数据的工作，一方面是指预算过程中的数据收集工作。指标分解到基层后，执行层出于对自身利益的考量和对所完成任务的详细了解，肯定会提出有利于自己利益的一些条件，对下达指标提出修正意见。

另一方面是指预算执行过程中的数据收集、整理及分析工作。预算指标一旦确定下来，各执行部门每周或每月都要关注自己部门的指标完成情况，学会用数据控制本部门的日常经营行为。

3.3　如何进行现场宣导

企业预算往往与企业绩效奖惩相挂钩，预算敲定后，相应的绩效挂钩方案也应确定，并穿插于企业预算编制文件之中。

责任状主要是针对部门经理而言的，大多数绩效分解工作还得由各个部门的负责人去组织。公司在预算管理过程中应建立一个系统性的指标分解、统计、上报体系，按照下级如实汇报、上级对下级负责的原则，逐级把整个指标分解下去。

预算编制一定要重视对指标的分解。预算指标的分解过程，其实是企业整体生产经营计划上下贯彻的过程。

每家公司的财务总监都应充分利用预算编制时机，向下宣传企业战略，传导企业所掌握的信息，同时收集各个执行层面在实际操作过程中决策层还未掌握的信息，才能在各个层面对企业最终预算达成一个真正的共识，使企业预算最终起到军令状的作用。

预算的作用与财务总监的组织、实施、监督、协调的角色是相辅相成、密不可分的。

3.4　本章总结

第一，身为财务人员真的应该学习这家制造类公司财务总监这种做事的干劲。他在短短的几年里，实现了一个华丽的转身，同样也使自己的能力得到了提升。人生的机会其实并不多，做预算也是财务人员人生的一次新机会，抓住这个机会相信你的人生会上一个全新的台阶。

第二，我们要学习这家公司在报表上的分解。报表的设计一定要归到业务上。报表是基础工作，统计工作要做扎实，设计好统计表单——表单是控制基本运营的关键。如果能把员工手上的统计表设计好，就可以很好地管理干部的工作、管理客户，就知道哪些是我们的好客户，哪些是我们的好产品，哪些是我们的好员工。

所有表单的工具都是为了推动绩效的实施，财务总监在其中起到一个贯穿连接的作用，上面跟老板连接，下面对部门工作进行分解，横向帮助落实，这样上下左右贯通，财务的工作就有了存在的价值。

用组织推动预算执行

本章主要和大家分享如何通过一个系统来推动预算的执行，分享的内容有以下七个：第一，以一家贸易型公司为例，进行预算工作的简单介绍；第二，讲述这家公司的全面预算工作的执行步骤；第三，讲述"三上三下"的质询会；第四，介绍对费用的管控；第五，阐述这家公司的分配机制；第六，讲述责任书的签订；第七，阐述预算的调整。

4.1 对预算的认识

首先为大家介绍的是我们所辅导的一家贸易型公司对预算进行重新认识的过程。之前这家公司做预算也是以财务为主，但是财务总监拿到数据分析一下就去做了。后来这家公司的老板通过学习我所讲授的预算课程，认识到预算其实是一把手的工程，老板要亲自抓。

预算可以帮助企业家做关联性的思考，让其拥有一个全方位的视野。做企业，追求利润是最主要的任务，而做好预算，就可以保证利润的实现。

用组织推动预算的执行主要由三个部分组成：预算方案的制订、执行和兑现。把这三个方面的内容组织好，预算工作就会比较完善。

4.2 全面预算的执行步骤

4.2.1 搭班子——如何搭建班子

搭班子就是成立一个预算小组。

该预算小组包括六个角色，首先要设定该小组的组长。组长其实就是公司里的总经理或者老板，因为预算是一把手的工程，所以老板对此要格外地重视，这个组长一定要由老板亲自担任。组长负责主持年度预算，最终拍板决定年度目标方案。

有了组长还需要一个副组长，这个副组长是由公司的财务经理或者财务总监来担任。他负责数据的分析整理，提供一切财务上的数据支持。要做好预算，数据基础是非常关键的，如果公司缺乏一定的数据基础，做预算就会非常吃力。

还需要一个书记员，因为预算小组的会议时间比较长，涉及内容也很多，所以需要由一个人负责把内容记录下来。这个人要有一定的速记能力，并负责整理总结和发布。

接下来是组员，预算除了由老板牵头，更多的是要公司全体人员参与，首先是各部门主管及助理，主要负责制订自己部门的预算方案；助理要提出一些合理化的建议，来共同完成各自部门的预算。

还有一个岗位是组织纪律委员，这个人负责召集会议，并且做好严格的考勤记录。他需要将预算工作的会议时间生成一个工作记录表，提前通知大家，让大家把时间安排好，不要迟到，不要请假，因为时间是预留出来的。

最后还要有一位生活委员，因为预算工作的会议时间非常长，比如我们公司总共有 4 场质询会，每场会议时间都超过 10 个小时。大家在这么长的时间内需要不断地补充能量，所以需要生活委员安排好大家的会间茶歇、午餐、晚餐以及夜宵。预算的话题是比较严肃的，所以氛围尽可能地要变得轻松一点，因为只有在一个轻松的氛围内，我们才能迸发出思想的火花。以上这六个角色，就是整个预算小组的岗位组成（见图 4-1）。

⊙ 小组组长	⊙ 副组长	⊙ 书记员
公司总经理 　　负责主持年度预算，最终拍板决定年度目标方案	**公司账务经理** 　　负责数据的分析整理，提供一切财务上的数据支持	负责做好各位参会人员的讲话和要求纪录，并负责整理总结与发布
⊙ 组员	⊙ 组织纪律委员	⊙ 生活委员
公司业务部门主管及助理主管 　　负责制订自己部门的预算方案；助理要提出合理化的建议	负责会议召集及考勤记录	照顾好会议期间大家的会间茶歇

图 4-1　预算小组的组成

4.2.2　召开初次会议——动员会

有了成员以后，就要召开一次动员会。这个动员会需要公司的核心高管参加，会议的主要工作内容是制定年度战略以及确定目标增幅、大项的费用。会议要达成的成果，就是本年度的战略要做一个调整。是要现金流、利润，还是营业额？要突出其中的一个，找到战略的重点。如果需要更多的客户，就需要有营业额；如果需要钱，就需要现金流；如果需要利润，目标就要定为利润。关于目标增幅，增加多少一定要建立在大量的数据基础之上。还有一个是大项的费用，费用会影响利润；如果公司有大的项目，需要大的开支，这个时候就需要提出来。

在这里要跟大家分享的内容都是跟开会有关的。现在，要跟大家插播一下——阐释如何做到有效开会。

只是漫长地讨论，这样的会议是无效的。开一场高效的会议，首先在通知的时候，关于开会的时间、地点、参加会议的人员、会议需要多长时间、会议议题、会议目标、会议的目的以及开完会后要达到一个什么样的目标成果等都要明确地通知参会者。然后还要做好会议记录，会议结束后，会议记录人员要再陈述一遍，目的是记录的时候不要把对方的意思歪曲了，同时将内容进行补充和改善。在会上不展开讨论，会议如果要延长，需要由大家统一商定是否延长。因为开会其实就是沟通，沟通需要注重大家的感受，大家如果已经听得不耐烦了，你还再讲，其实是浪费双方的时间。做到以上这些，这场会议就是高效的会议。

【知识链接】

1. 召开动员会的要点

a. 时间

b. 地点

c. 参会人

d. 会议时间

e. 会议主题

f. 目标达成

g. 做会议记录

h. 结束做会议记录并陈述确认

i. 会上不展开讨论

j. 会议延长由大家决定

2. 召开动员会的目的

a. 对预算工作提到最高认知程度。

b. 给出一个基本方向，大家以此来收集数据，思考自己部门的目标。

c. 讨论并生成公司年度预算工作进度表。

第一次会议要达成的目标成果：第一，要对预算工作有很高的认知度，让每一位参会人员都知道预算工作是非常重要的；第二，要给出一个基本的方向，大家以此来收集数据，思考自己部门的目标；第三，要讨论并生成公司的年度预算工作记录表，按照工作进度表开展工作。

接下来要召开第二次全体预算工作会议。会议的议程是：首先各个部门展示并详细地陈述自己部门的目标预算计划，然后接受所有预算小组成员的质询，并且要有一个书记员进行记录（见图4-2）。

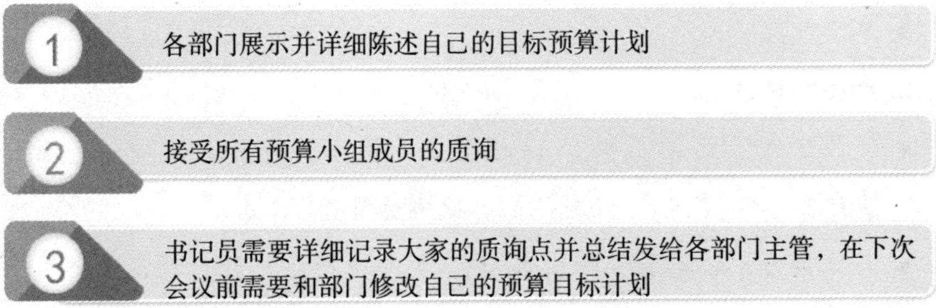

① 各部门展示并详细陈述自己的目标预算计划

② 接受所有预算小组成员的质询

③ 书记员需要详细记录大家的质询点并总结发给各部门主管，在下次会议前需要和部门修改自己的预算目标计划

图 4-2 第二次预算会议的议程

在预算工作会议上，各个部门需要陈述的内容包括：对过去工作的总结、下一年的计划目标和分解、所要采取的措施和方法，以及需要的支持。从人、财、事、物这四个方面进行分析，如何产生费用，如何产生价值。

【知识链接】陈述的样板

1.20××年年度目标

- 部门任务

- 部门目标

- 今年1月返点

- 明年预计返点

- 返点减少

- 税收不稳定

- 奖金与费用增加

2.实现目标的方法和措施

- 培训学习

- 产品结构调整

- 新项目开发

- 人员配备

- 客户开发

3.产品结构优化

- 产品分A、B、C三类，A=高价、形象利润产品，B=平价、微利上量产品，C=战略性炮灰产品，比例为4∶5∶1。

- 具体策略：C类用于吸引客户，为A类产品打开市场；B类用于拉动销量；A类用于增长利润。

- C类：相机及镜头

- B类：金贝类产品

- A类：新品、U2、海力欧、保荣、相机附属类

4.培训学习

- 标杆分析

- 活动销售技巧
- 小产品拍摄配置
- 实景棚灯光配置
- 新品销售法

5. 客户开发

- 与兄弟部门共享客户
- 整理现有的客户，对其进行重新分类、分配

  a. 影楼客户；b. 产品客户；c. 俱乐部客户
- 基地客户 / 客户

  a. 基地客户：灯光的维护与保养、送货上门、客户资源共享、介绍加
     盟、新品试用

  b. 加盟基地的客户：清洗相机及维修、培训服务

6. 人员配备

- 销售：卖场三名，大店两名
- 后勤：一名
- 维修：两名
- 需招人员：销售一名，维修一名

7. 新项目开发

- 建立影楼信息桥梁
- 目的：

  a. 建立影楼与摄影师信息平台、业内宣传平台，为影楼招聘摄影师、化
     妆师、数码师，为他们找工作

  b. 聚拢资源

8. 费用预算（见表 4-1）

表 4-1　费用预算表

项目	1 ~ 12 月		
	20×4	20×5	备注
固定工资			
变动工资			
奖金			
房租			
折旧			
社保			
电费			
电话费			
修理费			
杂费			
办公用品			
招待费			
广告费			
差旅费			
网络费			

　　然后召开第三次预算工作会议。会议的议程是：各部门主管展示修改过的方案并做详细陈述，然后再一次接受全体的质询，书记员进行记录总结，最后发放给各个部门。

　　召开最后一次预算工作会议的时候，需要确定年度的预算指标。相信经过三次质询会，整个预算情况就清晰了。接下来财务部要对各项预算的指标进行测算，并制定责任书让各个部门的主管签订，同时还需要递交目标分解责任书（这个目标分解责任书需要格外重视）。以上过程就是全面预算的执行步骤（见图 4-3）。

　　当年度预算完成后，财务部对各项预算指标进行测算并制定责任书；各部门主管签订责任书，同时需递交任务目标分解责任书。在这里要提醒大家的是，季度目标分解需要格外重视！

某贸易型公司 20×4 年度预算工作时间进度

- 20×4 年 10 月 9 日 全体主管参加启动动员会，进行绩效课程复习，会后着手进行预算前期总结调查了解阶段
- 20×4 年 10 月 20 日 财务、物流、行政负责人会议。公司层面年度预算工作讨论
- 20×4 年 10 月 23 日 全体预算组成员会议。初步讨论业绩、目标工作方向等问题
- 20×4 年 11 月 15 日 预算初稿出台。各部门展示说明方案，接受全员质询
- 20×4 年 11 月 29 日 一次质询修订完成，二次质询开始
- 20×4 年 12 月 18 日 二次质询修订完成，三次质询开始
- 20×4 年 12 月 22 日 三次质询修订完成，质询结束
- 20×4 年 12 月 25 日 微调并签订目标责任书，年度预算结束
- 参加人员。全体主管及部门助理，请大家安排好时间参加预算工作各阶段会议
- 预算工作组组长 副组长 召集人 记录整理

20×4 年 10 月 10 日

图 4-3 年度预算工作时间进度

4.3 “三上三下”质询会

质询会是质疑解答和询问的过程。当一个人在陈述的时候，你一定会对他的陈述抱有一些疑问，这个时候就需要质询。对于每一个部门提出的工作目标与方向，大家都需要给出建议，目的是让各个部门提出的目标计划更加合理。通过大家的反复质询，把风险降到最低，最后符合公司多数人的利益。质询会的意义就在于质询者与被质询者都认真地参与、深刻地了解公司的管理。

【知识链接】什么是“三上三下”

通常预算的编制按照“三上三下”的程序进行，具体内容如下。

一下：全面预算管理部门下达编制各部门预算通知，规定各部门预算编制的范围、口径、标准、时间要求等。

一上：各部门单位根据要求，结合本部门实际，综合测算、编制、审

核、汇总本部门收支预算计划，在规定时间内报送全面预算管理部门。

二下：全面预算管理部门在各部门预算计划的基础上，结合企业预算内外财力情况，集中时间和力量进行审核，提出综合收支预算指标控制数，并下达给各部门单位。

二上：各部门根据轻重缓急，并且兼顾需要和可能等实际情况，在下达的预算指标控制数总额范围内，进行项目优化调整。

三上：全面预算管理部门根据各部门单位上报调整后的预算指标控制数，认真审核、细化部门预算，在确保当年财政收支平衡的前提下，审核、汇编后报企业负责人批准，初步核定各部门收支综合预算。

三下：经批准后，最后核定部门预算，于全面预算管理部门批复后一个月内直接下达到各部门单位。

大家在一起共同探讨公司发展的话题。所以，老板在做引导的时候，一定要让参加会议的人员产生荣誉感，让其知道公司让你参加这场会议，是对你的一种重视。此外，质询会还是一个考察干部的好机会，提出的问题能够反映出一个人的水平和能力；当你提出一个精彩的问题时，会使人对你刮目相看。人才要用在适合的岗位上，质询会能让我们对一些潜在的人才有一个新的认识和了解，从而把他放在更合适的岗位上。

质询会上肯定有两个角色：一个是质询者，另一个是被质询者。被质询者需要做到接受、不辩解，人的本性往往会让人一遇到问题就进行辩解，但我们的目的是让你把方案做得更完善，所以一定要做到不辩解。但在别人向你提出问题的时候，你需要对别人提出的问题做出解答。此外，被质询者需要事先做好PPT，只有做好充分的准备，才可以接受质询。对质询者的要求有两条，一条是不允许做弃权处理，必须轮流进行质询。这样可以让所有人的神经都高度紧张，进而认真地去听、去分析，然后把这件事情做好。另一条是不允许对被质询者做人身攻击。事实上，我们在经营企业的过程中，肯定发生过这样的事情：本来是说事，结果你一句我一句，就吵起来了，所以我们要做到对事不对人。最好的沟通就是要设身处地站在对方的立场上考虑问题，这是老板在开质询会之前要做的引导。

　　每轮质询会后，各部门都要做一些后续工作。在第一轮质询会结束到第二轮质询会开始之前，中间会有一个月的时间。在这段时间里，首先要对当时没能给出的回答，做好在下一轮质询会上陈述的准备；要反复地思考大家提出的建议，逐条分析消化；对于不可行的建议，也需要给出一个合理的解释，对提出质疑的人以示尊重。

　　质询会其实也是一个头脑风暴的过程。第一，明确要解决的问题是什么，对于该问题的阐释一定要清晰、明确、具体。第二，召集相关人员参与头脑风暴会，本部门都要参与。第三，选出一个最得力的主持人，说明头脑风暴会的基本流程，在过程中不评价别人的观点，如果遇到跑题的，要发挥提醒作用。第四，每个人针对问题提出解决方案，所提建议不能重复，但可以具有创新性。接下来就是轮流提建议，每个人都要想出一个点子，可以是千奇百怪的点子，但一定要提出来。对于提不出建议的人会有一些小的处罚，现在80后、90后的员工越来越多，他们不是特别在乎钱，认为开心、好玩最重要，所以企业管理者不能简单地以罚款作为惩罚。有些公司有一些惩罚措施，比如吃两个辣椒、喝一杯水……这就是在轻松的氛围里进行惩罚的比较好的方式。最后在所有的建议中会选出两三条来落地，对建议被采纳的人，可以相对给予一些奖励，比如电影票、足疗券……第五，想法一定要落地，落地的方法涉及以下六个问题：做什么事情？谁去做？什么时间完成？完成到什么程度？做得到怎样，做不到怎样？谁去监督？做好这六点，事情一定会得以推进。另外，会上提出的建议要形成电子版，存档以备后用。

　　每一次头脑风暴会议都要确定一个议题，也就是说各个部门做计划措施的时候，每个措施就开一次头脑风暴会，这样最终的措施才会非常完善。这种头脑风暴会最后要形成一张鱼骨图，以更好地把头脑风暴的内容反映出来。鱼骨图中所描述的是我们的一个项目，办公费用成本在预算基础上降低 5%，这是我们在开完第一次质询会之后，大家认为办公费高了，要求降低 5%，于是我们集思广益，从电脑 IT 管理、办公耗材领用、汽车管理、水电管理、电话费管理，以及其他费用管理上进行调整，最终把办公费降低了 5%（见图 4-4）。

图 4-4　办公费用控制管理鱼骨图

　　还有一个例子是关于时间圆饼图的（见图 4-5）。从早上 8:30 上班，到下午 5:30，每一个时间段都做了些什么，没有跳跃的时间。这是对员工工作的一个测算，通过这样一个测算，你突然会发现有些员工的工作时间是很不饱和的。平时我们总认为员工很忙，其实有时候这些所谓的忙碌并没有价值，也就是效率不高。好的业务人员的时间安排会很合理，比如说早上打扫卫生，做计划，然后再安排时间向客户催款。而有的员工一大早就去催款，可以想象一个老板刚上班就接到要账的电话，一天的好心情都没有了，谁还会跟你做生意啊？通过时间圆饼图，可以找出工作效率最高的员工，把他的时间安排作为一个模板，在整个公司的销售人员中做推广，然后不定期地测试。这样开展工作不仅会让员工的工作能力和水平不断地提升，整个公司的效率也会提高。这就是我所分享给大家的质询会。质询会的核心是要共同参与、很好地做沟通，需要全员参与公司的管理。

图 4-5　时间圆饼图

4.4　费用的管控

本章所分享的是一家贸易型的公司，下面有很多的门店，而门店基本上都是独立核算的，所以其费用由两部分组成：一部分是部门费用，这部分费用是可以控制的；另一部分是公司费用，对于这部分费用，可以从人、财、事、物四个方面去理解（见图4-6）。

公司的费用预算主要指后勤这部分，"利润 = 收入 – 支出"，支出其实就是费用，公司的净利润就是各部门净利润的总和（部门净利润 = 部门总收入 – 部门费用 – 公司费用分摊）。如果给业务单位做预算，该怎么做呢？

举个例子，A 部门要设定一个预算目标，那么部门的总收入就可以通过各种措施来达成，而费用是可以控制的，房租、水电、人工、奖金这些都是可以控制的。但是公司的费用不是部门可以控制的，所以对于公司的分摊费用一定要定量。这里的定量需要后勤部门做一个预算的指标，最终通过质询会总结出来指标是一个变量。这个预算指标可以从几个方面进行分析，对于这家公司来说就是财务费用、行政费用、采购物流仓储费用。

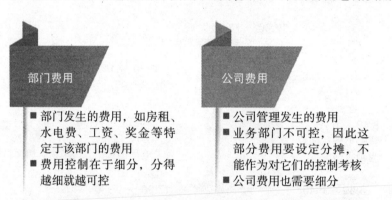

图 4-6   费用的分类

对于费用，需要从人、财、事、物这四个方面入手。后勤部门的年度预算以费用控制额度为主，如果超出审定的费用，需要该部门主管从自己奖金中支出用以补充超出费用。另外还有一项指标需要注意，就是后勤部门的创收指标。比如财务部可以说是创收的部门，可以适当做一些理财收入，以保障公司的正常运行。在资金量够的情况下，如果适当地做一些理财，可以给公司创造一些价值，但一定要在不影响公司正常运行的情况下进行。

在这里还有一个心得体会，就是费用越细分，越容易管控，也就越容易将责任分配到个人。在这家贸易型公司中，每一份报销单都需要相关责任人签字（他们会很在意费用，不会乱签），这相当于公司所有人都在控制费用。

4.5 分配机制

4.5.1 奖励机制对全面预算的重要制约

奖励机制是原动力,奖金额度的设定会有效地促进业务开展,以完成预算目标。我们的奖励机制分为两个:一个是基本目标,另一个是冲刺目标。如果达成基本目标,我们会把总奖金的 20% 发给全体员工;如果完成了冲刺目标,我们会把总奖金的 30% 发给全体员工。

4.5.2 奖金分配比例

奖金的分配也分为两个部分:一个是业务单位,另一个是后勤单位。业务单位分享总奖金的 65%,后勤单位分享 35%,这个比例会根据公司的发展进行调整,之前业务单位最重要的时候所获奖金占到 75%(见图 4-7)。现在随着公司的发展,我们的后勤部门越来越重要,所以将比例进行了调整。

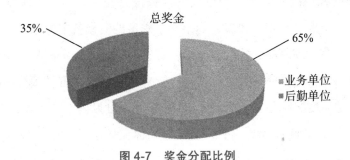

图 4-7 奖金分配比例

奖金被分到部门以后,又是如何被分配的呢?整个业务部门有主管、助理(副主管)以及一些业务人员。奖金额度的 50% 被分配给主管,35% 被分配给业务人员,10% 被分配给助理,剩下的 5% 用作部门活动费用。这家公司很重视纪律的考核,整个费用都是被分下去的,所以部门再临时申请开销是不可能的。但是各个部门要做活动,需要钱,所以就从奖金里拿出 5% 作为部门的活动费用，如设一些小的奖励，或者开展部门之间的聚会活动。这样经费可以说是取之于部门，用之于部门。后勤部门的分配也是一样的，主管分得 50%，其他人员分得 35%，助理分得 10%，以及部门的活动费用占 5%（见图 4-8）。

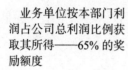
业务单位按本部门利润占公司总利润比例获取其所得——65% 的奖励额度

■ 业务主管 50%
■ 业务导购 35%
▨ 业务助理 10%
□ 部门活动费用 5%

图 4-8　业务单位的奖金再分配

其实这里的奖励分配机制还是存在一些问题的。一个是季度分配的问题，公司设定了预算之后，年度奖是在年终完成任务后一起发的，所以这样就会出现一种情况，即第一个季度的任务没有完成，第二个季度也没有完成，第三个季度还是差了很多，到第四个季度的时候就很紧张了，甚至需要花钱去买一些代理商品，才会有空余。这样一来所有的资源都会压到第四个季度，最后才会勉强完成任务。所以，针对这种情况，贸易型公司随即进行了调整，把年度奖励分成了两部分：20% 放在季度发放，80% 放在年度发放。

每个季度我们都会做一个总结，如果你完成了就可以拿到这 20%，如果没有完成，这 20% 就会被直接扣掉。也就是说到了年底的时候，也许你完成了总任务，但是第一季度和第二季度的任务没有完成，那么员工的奖金就会被扣掉一部分。这样可以保证大家在分配的时候，很认真地把业绩指标分解到每个季度、每个月，有效地进行推进。

还有一个是助理积极性的问题，之前部门分配的时候，设定的是主管分得奖金的 50%，业务人员分得 35%，助理分得 10%，但如果这个部门是由一个主管、一个助理及两名业务员组成，那么这样的分配结果就会变成主管 50%，两个业务人员各拿 17.5%，而助理只有 10%，这样助理的积极性就会受挫。针对这个问题公司也进行了调整，现在变成主管分得奖金的 50%，业务员和助理同时分享 40%，助理再单独获得剩下的 5%，这样无论人员数量是多少，助理都能多拿 5%。为什么助理的奖金要比业务员高？因为助理相当于主管的替补，在做绩效推进的时候，也是负有一定责任的。对于公司而言，需要培养这些后备力量，所以要给助理更好的收入。

4.6　责任书的签订

通过多轮质询会议得到了年度预算目标、业绩指标、利润考核指标、费用控制指标、创收指标，这些指标都会在一张纸上反映出来，最后让各部门的主管签字认可，这就是预算责任书（见图 4-9）。当然，还要有一个责任书的签订仪式，这个仪式可以在公司年末的年会上进行。其实仪式就是让大家都有一种承诺，清楚并记得自己的担当和责任，以起到鼓舞士气的效果。

图 4-9　责任书的签订

4.7　年度预算调整

本章中所提到的贸易型公司，之前一直存在利润不足的问题，老板每次年末确立预算时，都会把目标围绕净利润设定。

自从学习了全面预算管理体系后，老板思维上开始发生转变。从2014年开始，他做出了以下改变：

（1）企业年度预算目标的设定包括两项：营业收入和净利润。

（2）年中考核之后预算目标设定：调整绩效考核指标的权重，将营业额指标权重放大。

（3）年度预算目标被制定后，需要在执行过程中通过绩效来监督保障。

每家公司都可以有三年计划、五年计划，但在每一年做预算的时候，需要对这几年的发展做一个战略上的调整。这家贸易型公司主要是在营业收入、净利润、现金流三个方面进行平衡。如果需要现金流、需要实现发展，公司可能就会牺牲一些利润。明年公司就会把预算目标在营业额上放大，减少利润，降低支出。各个部门也必须在利润、支出上降下来，最终的目的是牺牲利润要业绩，这背后其实要的是客户，所以公司的客户数量需要增加。

这里要告诉大家的是，每个月都要开月度绩效工作会，对月度战略进行微调。不要轻易改变绩效指标，可以根据每个月的实际情况调整指标所占权重。业绩指标全部都按照预算的指标进行，财务人员甚至每个星期都会在群里发两张表：一张是费用表，另一张是业绩进度表。如果有红色的，就表示不达标，此时要激励员工进行冲刺。而在月度绩效会上，如果谁的任务指标没有达成，必须说出没有达成的原因，是哪个员工没有完成，是客户的原因还是产品的原因导致的。

所有的行为都要通过组织来推动！要坚决推进预算的执行。在做的过程中，会遇到很多阻力，这个时候考察的就是管理者的意志力和老板的心力。

4.8　本章总结

每家企业都有自己的属性，一家贸易型公司需要服务来代替产品，所以这家贸易型公司的属性就是"把人作为产品的附加值"。这家公司在产品服务化方面做得非常精致，而在第 3 章中我们看到的制造类公司的案例则是因为这家公司的老板是做产品的人，具备精细、严谨的品性，所以在产品方面做得精致。

老板的属性不同决定了其公司推进预算管理的方式不同，做产品的老板更多用的是标准、流程，而做贸易的老板用的是分享、沟通、激励。所以，行业属性决定企业家的公司模式，从而进一步决定推进的方案。这是我们要注意的第一点。

第二，要学会用预算的工具来进行过程的管理。质询会其实非常好地推进了整个公司的日常管理。这家贸易型公司人员的流动性不会很高，这样就稳定了公司的机制。公司有两类人：一类人叫作"压舱石"，另一类人叫作"风帆"。船要走，靠的是风帆的力量，所以这类人会给公司起到推进的作用，但是公司要稳定就需要压舱石。在企业中，压舱石和风帆同样重要，以稳定地使公司发展，将产品制度化。

第三，这家贸易型公司的案例很好地展示了其成长过程，销售额在一年之间已经翻了三倍多，而且每一笔现金的去向都非常清晰。公司和老板通过组织的方式，让员工更有积极性，然后通过激励的方式，让大家更愿意去努力。

用预算打通战略与经营

前面讲的更多都是从方法层面如何落地的一些技巧，但实际上老板作为公司的实际控制人，在整个预算的过程中是如何给公司定位的，这才是最关键的。因为很多老板对自己的身份没弄清楚，很多时候是站在总经理的角度看问题、做决策。

5.1 企业构建三层次

当公司规模越来越大的时候一定会面临布局的问题，不管是基于资源还是基于能力，最重要的是反过来倒推，而不是一开始就做好布局。

举个最简单的例子，现在资本市场非常火，上市也好，挂牌也好，都是企业进入资本市场的必经之路。我们能不能以这个大目标来反推公司明年的营业额或者利润呢？这样做是基于什么样的思维进行的？谁最想要公司上市？答案是股东。股东想要公司上市，风投给公司投钱的目的就是赚钱，小股东要的是风投，大股东要的是发展、控制权。这里他们的身份其实是不一样的，但我们很容易把公司的老板、股东、董事长以及总监混为一谈，这样会使整个公司的体系产生混乱。

接下来会从战略、战术和战斗这三个层面来进行讲解（见图 5-1）。

第一，战略层面是布局，包括以下四个方面：治理结构、战略定位、目标设定及预算分工。

第二，战术层面是组织，包括资源配置、组织设计、资金成本及过程管理。

第三，战斗层次是管控，包括集权与分权的设计、计划与预算的调整、绩效与考核的支持以及现金流管控。

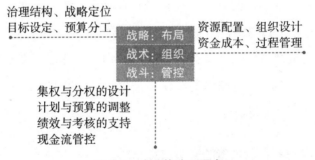

图 5-1　企业构建三层次

5.1.1　战略：布局

我们先来讲一讲治理结构。大家认为股东会最主要的作用是什么？股东会往往决定公司所有最重要的事。那么，董事会的作用是什么？董事会是做决策的。监事会有什么作用？监督董事会。董事会下面还有四大委员会，即战略委员会、审计委员会、薪酬委员会及提名委员会（这些委员会的作用是出方案）。

例如，战略委员会决定公司的投资发展方向。公司的重大决策，甚至是预算都会在战略委员会上决定。在这些方面，第一个去跟下面经理沟通的应该是战略委员会的成员。战略委员会的作用就是提供策略上的支持，制订一些方案或者对某个员工提出异议。但如果公司规模不是很大的话，董事会就能完成上面这些工作。

总经理的作用是什么？执行公司决策以及提出方案。这里有一个问题：如果一个人一直处在总经理的岗位上，想的却是股东的事情，如投资回报、公司的重大决策，同时还要关注执行，这样对总经理有没有考核？如何考核？其实这样总经理的身份就已经开始混乱了，就会导致公司的组织结构无法展开。总经理就成为阻碍公司发展的关键点，因为总经理不被考核所制约，随便做一个决策可能就会导致很多员工白干。此外，总经理既要做决策又要出方案，同时又是执行者。有时候试想一下，一个人的时间只有 24 个小时，时刻扛着公司的大小事，会使得下面的人也很难成长。所以，一定要搞清楚，你现在是公司的实际控制人，还是股东、董事长、总经理？对于这几个身份你是否都清楚，因为这会使得绩效考核或者你的行为决策因管理者的身份而改变。

≪≪≪ 【案例与思考】管理者的身份决定布局

有一家集团化公司，控股下属所有的子公司。100% 控股以后，集团公司的总裁就相当于股东会代表，代表集团在股东会上做决策。

每年集团会给下属公司下发一个净资产回报率的指标，当然对于公司和总经理的考核使用的是两套指标。总部的职能部门成员兼任下属子公司的董事会成员，为什么这么设计呢？

这家集团公司从 2008 年开始做预算，最开始的时候发现一个问题：全公司的人都只有一个目的，就是降低目标，最终导致剩下的时间都在博弈。

所以，集团公司的管理者认为这样下去不行，一直在思考该如何改变。他们把公司集团的几个部门负责人任命成下属公司的董事会成员，并且将其分成两个团队。这两个团队要共同完成一个目标，即提高资产回报率。

董事会的考核指标不能与总经理的一样。这样的结构会相对合理。以前是总经理一个人面对所有人，现在是两个团队部门面对所有人。在做预算的时候要基于机制的设定，集团的财务总监是怎么设定机制的呢？财务经理是怎么设定的？总经理是怎么设定的？他们三者之间相互制衡，当这样做的时候发展方向就相对完整了。

这家公司的案例给我们的启示就是，对于企业预算组织而言，首先要设定好结构，布局很重要，此外还要清楚和确认每个身份，到底是投资人、董事长，还是总经理。

身份确认和清晰之后接下来是战略定位，战略定位由董事会决策制定。

1. 做生意还是做事业

第一个要决定的是准备做生意还是做事业？如果企业决定只是要赚钱的话，那就拼命地赚钱，不要想太多。但如果要做事业的话，作为一种投资，预算开始就应该不一样。做生意的预算一定是以利润为核心，短期之内快速地把钱全部赚回来，但如果是做事业，就一定要有组织、分阶段地投入，要控制好节奏。当老板决定开一家工厂或者要进入一个新的领域，就一定要有规划，前期不一定要有利润。

2. 现在赚钱还是未来赚钱

第二个要思考的是：现在赚钱还是未来赚钱？做生意是现在赚钱，而做事业是未来赚钱，作为董事长必须做战略上的定位。

3. 目标的设定

第三个是目标的设定。

　　上面的这家集团公司使用三大指标来考核董事会，第一个是净资产收益率。在经营企业的过程中，很多经理人以资源为基础。公司拟给他 10 亿元，他做出 1 亿元的营业额，有意义吗？所以，作为公司的董事会，要站在股东层面思考问题，也就是用少的投入，创造大的收入。

《《《【案例与思考】总经理和股东的资源博弈

　　举个例子，如果现在公司资产达两亿元，生产产能已经饱和，若要再扩大营业额，那么一般的方法是再开一家工厂，或者再开设一条生产线。

　　身为总经理可能不会进行深入思考，觉得只要能给予足够的资源，就能把公司做大。但股东的逻辑是完全不一样的，他们想的是一分钱都不往里投，在位者能不能把公司做大？所以，净资产收益率的指标能够平衡经理人和股东的关系。

　　当然在做预算的时候，财务负责人要做投资的测算。在一家新工厂开办的时候，首先我们需要对投入做一个预测，但很多时候有不确定性，这时老板考核总经理，总经理就会不情愿甚至不愿意。如果这家公司还涉及利润分红、超额利润之类的，总经理就更不会同意了。在这里我们给的建议是各指标项要分开进行考核，前提是公司要有近阶段的收益指标，也就是说做投资决策跟总经理没有绝对的关系，股东给他方案，但更多的决策不是基于他们，而是基于集团。

　　第二项指标是资产负债率，这对于总经理来说也是不重要的。这是关于企业的资产安全问题，会不会崩盘？会不会出现现金流断裂的问题？对于总经理，其实不用考核这项指标。有时总经理会说没资源、要用钱，作为股东如果不投钱，总经理就需要贷款，对于这一点肯定要控制好。资产负债率是一项风险性的指标，基于公司的实际控制人对投资的风格是激进型，还是保守型。设定这项指标，他们就不会无休止地投资。

第三项指标是销售增长率。公司要发展，销售这方面的发展就显得很重要，因为市场一定要保持增长。

以上讲的是董事会的考核。接下来讲总经理的考核，这就比较简单了。营业收入、营业利润、市场占有率，这些都是要考虑的基本因素。但这里也有一个小的建议，即尽量不让对于公司上级人员的考核指标相矛盾。我们积累了这么多年的辅导经验，很关键的一点就是要让公司上下目标一致，只有这样预算才能打通，越高层的人力指标占的考核幅度越大。

这里要重点讲一下"卓越绩效评分"这项指标。卓越绩效管理模式是对全面质量管理的进一步优化升级。这些指标是为了确定经理人的执行情况，是一个引导方向。不同的利益相关方所属的层次是不一样的。明年目标的设定是基于过去还是基于未来？设定明年的目标一般情况下是看去年或者近三年的平均增长率，也可以看今年行业的情况，预测明年的情况，然后再跟区域内的竞争对手和同行进行对比。最终把这三个合在一起，就定出了今年的增长率。

一开始定的目标是基于未来，但其实更多的是基于过去，这是导致公司没有快速增长的原因。所以，我们需要合理地设定目标，只有这样，才会完全改变公司整个团队的精神面貌，改变公司的所有机制以及做预算时候的思维。思维一旦改变就会有所不同，对目标的思维就会基于未来做出考虑。

4. 预算的分工

一家集团公司要做的第一项工作是现金平衡。这是因为下面有很多家子公司，它们的薪酬和预算不一样。集团需要控制好现金，一定要提前做好现金平衡。

第二项工作是战略的协同。下属公司都需要出方案，一般是基于股东的身份进行，比如投给这家一块钱，能赚两块钱，投给那家一块钱能赚三块钱，投哪边？当然也要衡量风险，不是只追求回报，协同战略重要的是进行资源的匹配。

第三项工作是投资管控。回报不同，风险高低不同，收益也就不同。事前靠预算，事中靠执行分析，事后靠审计。

第四项工作是制定分红。这项工作更多的是在董事会上完成的。董事会决定明年的结算方案以及分红方案，下面的公司主要负责把预算做出来，如业务的预算以及资金的需求，进而给经理人一个考核方向。

5. 集团预算的特点

集团预算的特点是多业务、多级化、集中化及治理复杂化。这是因为公司的业务有很多，可能会有几条生产线，不同的业务、不同的生产线面对不同的客户群，其预算会不一样（见图5-2）。举个例子，一家一年能产生几百万元利润的小公司，如果把预算做得很复杂，肯定不利于发展。经营资产的公司，它的管控其实没有必要做得很深，但资产越大的公司，管控就要越有深度。

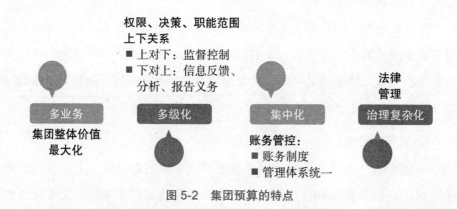

图 5-2　集团预算的特点

做预算的时候，因集团所处发展阶段不一样，所以要分步推进。比如，可以先做财务预算，但这里面一定要有分工。这里没必要管控得太深，所谓的管理很强大，其实会导致最后业务做不起来。我们以前经常看到很多公司犯这样的错误，用一套全部预算法压下去，最后发现公司反而垮掉了。其实管理不是最重要的，市场的业务是最重要的，如果集团有精力可以帮着管控，帮着人力资源、财务把关。这里要注意，资金一定要集中化，不管下面有多少家公司，钱一定要管好，这是企业的生命线。

　　有没有利润是企业做得好与不好的问题，有没有现金流是企业生与死的问题！

6. 集团预算的结构

很多集团公司预算的结构主要分为现金流、费用、利润及投资这四个部分。客户在创业期、发展期、成熟期及衰退期的要求和现金流把控的需求点是不一样的（见表 5-1）。如果集团的利润很好，那么肯定要抓收入、抓成本。

表 5-1　不同发展阶段不同的财务管理方式

	现金流特点	子公司预算管理重点	子公司权限设置	集团财务管理重点
创业阶段	有限	成本 + 费用	较高权限	费用总额控制
发展阶段	紧张	收入 + 成本 + 费用 + 现金	部分权限（除现金外）	资产负债率控制
成熟阶段	稳定	收入 + 成本 + 费用 + 现金 + 投资	部分权限（除投资、现金外）	投融资控制
衰退阶段	紧缺	现金	有限权限	现金流控制

　　集团公司的分工更多的是制定规则，整个核算的统计是怎样的？整个预算规则是怎样的？是做含税的还是不含税的？其中毛利率的统计是怎样的？这些方面要做好统一，由集团统一传达给下属公司。

　　在技术方面，有预算方法的指导及 IT 系统的支持。集团的好处就在于统一利用资源，用更少的投入去审核下属公司的董事会，让它们给你提意见。子公司的分工很简单，总经理在整个预算当中负责执行，董事会负

责整个预算工作的推进和执行，总经理做执行组长，各部门负责人做成员
（见图 5-3）。

①统筹：集团制定规则（口径、周期、
　原则）
②技术：预算方法指导及 IT 系统支持
③审核意见：给予下属公司董事会审
　核意见

①各公司总经理负责执行
②预算委员会负责整个预算工
　作的推进和执行
③账务负责人或总经理做组长，
　各部门负责人做成员

图 5-3　集团预算布局分工

5.1.2　战术：组织

1.资源的配置

第一个是资源的配置，即关于人、资产投资或者固定资产、企业的设
备、信息系统的配置。如果仅站在经理人的角度，很多时候利润要上升一
个台阶，首先企业的数据真实性没法确保，财务方面来不及复核，因为有
些重要的地方要复核两遍，这也是导致股东总想着不继续投资的原因之一，
对于公司的管控也未必是好的。因为数据可以修改，没法控制。所以，从
资源配置的角度出发，我们应该更多地站在董事的高度、股东的高度，为
公司更长远的发展进行投资，例如信息系统的投资、后备人才的投资、培
训的投入。站在公司 3～5 年的发展高度决定要不要培训下面的员工，要
不要投资。

2.组织的设计

第二个是组织的设计。大家有没有这样的经历，突然有个亲戚朋友或

者领导派来的某个人进公司，却发现公司的岗位已经排满了，然后我们就创造了一个岗位给他。这样就出现了一个问题——因人设岗。这里倒不是说因人设岗一定是错的，但因人设岗会产生很多问题，因为它是基于未来的岗位，在组织设计的时候没有设置，在投资培训时也没有设置，在薪酬、绩效、培训、劳动关系方面都会存在问题。

这就好比当你再开一家公司，或者再扩展一项业务的时候，因为没有提前储备，所以只能从外面招人。有些老板面试的时候给 1 万元月薪，上班后却给 5000 元，这就破坏了我们的薪酬体系。公司没有发展不是因为没有业务思维、没有市场经费，而是因为管理者没有提前做好规划，没有提前做好资源的配置，最后老板反而会被新人控制。所以，老板一定要站在更长远的角度去思考，才会配置资源，甚至可以配一个副总，如果做不好就换掉；如果他做得好，那就分配到新的厂或者新的分店，这样公司就会逐步做大。

组织设计不是基于个人能力，而是基于老板的投资眼光，看其有没有预先进行部署。

3. 资金成本

第三个是资金成本。有一段时间我们会发现阿胶卖得很火，很多门店都开始清货，卖完了之后又开始囤货。囤货会降低成本，提升利润，但是很多公司没有进行计算，拼命囤货，之后把利润都赔了，爆仓了。所以，最好的办法是公司内部要有一项规定，给钱可以，但每个月有 1% 的利息。总经理可以考虑要不要这个钱，要的话能不能创造这么多的价值。在资金管理方面制定这样的规则以后，这些门店老板就会思考，而不会拼命地要钱、囤货了。资金成本的概念一定要让总经理和财务经理沟通清楚，其实所有的资金对于股东来说都是很大的成本。但是资金仍然是有价值的，如果把有效的资金投到某家公司，而这家公司的回报力度足够大，就可以将其作为投资对象。

4. 过程管理

第四个是过程管理。在整个预算的过程中，特别是在刚制定目标的时候，责、权、利要分配清楚。谁负责？在这个过程中，所有经理、所有部门的负责人都要参与，一定要让所有的人参与这个过程。做预算的过程其实也是思维提升的过程，我们要识别出关键点、风险点。

整个预算最大的风险就是目标的制定，一旦管理者松口或者要求过高，就会导致下属的心态改变，他们甚至不想干了。另外就是资源是否能够满足需要，如果不能满足就要进行融资。无论是股权融资、债权融资，还是通过改变账期，这些方法都是管理者自己要去做的。

当我们清晰地完成布局以后，组织就会清楚自身目标，最后落实到管控、战斗层面，这样才有可能让企业总体的预算落地。

5.1.3　战斗：管控

1. 集权与分权

很多公司都存在这样的问题：采购与销售经常会闹矛盾，为什么会这样呢？采购要做的是降低成本，拿到返利，引进产品，加大库存，降低采购成本。只要公司有钱，老板有资源就能进行采购。但是销售产品的时候，业务人员会问：产品不行、包装太烂，最后谁来买单？这就要看公司的设置了。

从商品的引进到商品的售出，往往会涉及权利分配的问题。权利的分配方式往往取决于决定权是基于什么。好的公司会由采购、营运、商品三个部门，再加上财务部门，共同解决商品从进来到出去的权利分配。

　　首先，大的权利集中在总经理那里，因为一旦超越了规则或者设计的标准就会牵扯到总经理。

　　采购负责商品的引进，这是基于商品部做出的规划。

　　商品部决定了要引进什么商品，是补充的商品还是新的匹配商品。商品部决定了以后每年都要提前做好规划。商品部拥有规划的权利，然后把其规划下达给采购部。采购部在看到方案以后，就要从外面找产品，它有产品进入的筛选权利。

　　因为最终是由营运部把商品卖出去，所以营运部拥有对产品的否决权。营运部不可以决定这个东西是什么，但可以决定要不要。但是只有不断购进产品，整个销售的规模才会扩大，所以营运部也不会一味地对产品进行否定。它也会深思，产品只要有利可图还是会购进的。这样营运部就不会随便否定，它拥有对产品的否定权，但并没有决定权。

　　在整个流程中，采购部、商品部、运营部三者是相互制约的，这也是分权的关键点。如果有一些规则没那么完善，那就上报总经理。总经理会进行调整，这样一来公司流程就会顺畅。等权利分配以后，对于之前所谈到的囤货问题，就可以进行调查。囤货是谁决定的？囤货对谁有利益？对采购部有利，但会对销售部产生压力。

　　在整体机制里，我们要有财务思维。财务思维关系到财务问题的解决，同时又是与资金成本相关的一个概念。囤货的收益一旦超过了资金成本的收益，营运就会跟市场部说要搞促销活动，这样整个链条都会开始改变。当然，这一切都是基于提前设计展开的。所以，集权与分权最关键的一点，就是不要把所有事情都推到总经理身上。

2. 计划与预算

　　公司每个月都要开预算执行会议，但预算执行最关键的一点就是控制。

老板经常会控制费用，财务总监也可以这么做，但很多老板都会忘记一件事情，即不花钱看上去对于股东来说是好的，但其实这叫作"失控"，是因为该花的钱没花。通常这些没花的钱，可能都是用来提升企业未来竞争力的钱以及进行培训、招聘，特别是研发的投入，这些都是利润的源头。节省了今天，忘记了明天，这需要更认真地去反思。

预算分析不是找某个人为公司省了多少钱，而是为了找差距。公司和各个部门的计划是什么？策略是什么？怎么通过计划进行调整？而不是天天照指标考核甚至是扣分。我们要在公司开会的时候，讨论如何做，而不是为什么这么做。制定好战略之后，就算有些不合理也要执行下去，这样才能知道这个战略究竟是对是错，否则，没有真正执行过，怎么知道公司是否具备这样的能力呢？

3. 绩效与考核

绩效与考核是两个概念，在做绩效与考核的时候，不要仅基于公司，要基于员工的属性。如果一家公司中90后员工比较多，就不能天天用"扣"的思维。这些员工可能不怎么差钱，他们对钱的理念跟60后、70后的人不一样，所以绩效考核不能生搬硬套。绩效考核是一把双刃剑，管理者考什么下属就会做什么，不考就不做。考核是基于一种激励，在设计绩效考核的时候，这一点一定要注意引导。

4. 现金流管控

在预算中，现金流的管控是最难做的，因为这里涉及很多的相关方：企业的客户、供应商……现金流预算是系统化的，公司要有一套机制、流程去做这件事情。现金流预算是最难的，但也是最有效的，而且是控制老板乱花钱的一个非常关键的工具，财务人员要敢于制止老板乱花钱。现金流预算需要老板亲自测算，每天、每月都要总结一下现金流还有多少。

5.2　现金流与融资

5.2.1　现金流足与现金流不足

有些公司十分富有，有很多存款，而有些公司却很缺钱。一旦公司确定了远大的目标，往往会出现缺钱的状况。规范发展就要想办法找钱，而且不是只靠一个人想办法，整个财务团队都要跟着总经理一起想办法。只要没钱就找老板，到后面会发现一个问题，就是钱越借越多的时候，会进入到另外一个循环：外面的钱利息高，企业的利润很低，就会慢慢地把利润冲抵掉。

好的公司会提前 12 个月做预算，及时发现哪个部门缺钱，然后提前半年开始跟银行沟通。其实只要公司有一定的信誉、一定的流水、一定的资产或者一定的业务合作，就一定能够融到钱，最起码千万元以内是没有问题的。例如，当公司的账户里没有钱的时候，接了一个大订单下个月要付钱，你会去找银行吗？银行天天都在跟企业家打交道，会知道企业真没钱还是假没钱。公司的资产财务部平时都要和银行做好沟通工作。如果公司平时没有这个理念，一直都将面临缺钱的问题，可以说这都是没有提前规划、设计所导致的。

5.2.2　股权融资与债权融资

银行的融资是债权融资，除此之外还有一个股权融资。债权融资的好处是不会失去控制权，而股权融资的好处是不用付利息。

股权融资的短期财务报表是"好看的"，但是需要把公司的"一块肉"分出去，如果用这个理念去经营企业，企业就永远都只能是小企业。股权融资其实不是单纯的融资，与风投、券商沟通的过程其实就是企业规范的过程、进步的过程，也是培养投资思维的过程。我们要找风投、找真正的投资人，投资人会跟你谈公司的发展、公司的现况以及这个行业，慢慢地，我们就会发现自己也能拥有这种思维，这样我们就不仅在承担一个简单的经理人的职责了。

很多民营企业的经理人仍在扮演经营者的角色，天天想着要怎么拿更大的订单，怎么改善工艺，怎么研发新的产品……这些当然很重要，但是决策需要更适合的人去做，因为资本方面的事情，只有老板可以做，最起码中国的市场规范，肯定是需要老板亲自谈下来的。在这里我们建议大家有机会去找一个融资机构，以融资的名义与其聊天，这不需要收钱，只需要花些时间，但能够学习一套投资人的逻辑和思维，这样更利于管理者在公司的布局。大家也可以去找风投、基金或者券商，多谈两次，不同层次的人会给你不一样的建议。

5.2.3 内部融资与外部融资

内部融资的目的，是让员工和老板有共同的方向。在整个预算过程中，如果让员工成为公司的股东，他们就会关注公司的权益。比如老板想买一辆车，在做投资决定的时候，虽然员工不能完全阻止老板，但是他们最起码会敢于站出来说话，他们就会问："我们公司有买这辆车的必要吗？"一旦员工敢说这句话，老板都是有智慧的，就会进行反思，所以内部融资是解决现金流管控中老板随意决策的问题。当公司的股权尽可能地被下放给员工的时候，老板的决策会更加科学，这是因为大家的利益都不一样，多方监督，决策会更合理，这跟董事会的设置是一样的道理。

外部融资更是如此。如果一家投资机构注资进入我们所经营的公司，占10%～20%股份的时候，第一步就是改变原来的公司章程，然后签订协议，这时候我们会发现有很多东西都是以前没有关注的。当外面的人进来的时候，我们会发现越来越不自由了，不能一拍板就决定所有的事情，有什么事情就要找股东，开董事会、股东会。但这样做是对的，这是把公司做强大的必经之路。当我们所经营的公司有了更多的股东、更多的多元化股权时，一切都会变得更加科学。

是否敢于开发股权结构，与老板的格局和思维有关。

做预算更多靠的是操控，一旦把这些事情都想清楚，我们就会发现公司越多元化，成功的可能性就越大，用预算打通战略到运营的可能性也会越大。因为所有的投资人进行投资不仅是为了要求分红，还是为了与公司共同走向资本市场。通过用预算打通战略到经营，可以完善公司的管理，把公司经营得更加科学。

财务是打通公司所有命脉的关键，公司的任何一个经营行为都是通过财务完成的，但要注意的是：

第一步，不断学习，不断改进。第一次接触全面预算管理通常都会感觉难，听不懂一系列方法，但是只要通过反复的学习就可以弄懂。团队也一样，也需要不断学习全面预算管理。

第二步，分步实施，循序渐进。公司所处的阶段不同，其预算也不同。一开始的预算不要做得太细，我们可能还不具备这样的能力，财务体系也没有那么完备，精确到百万（单位）就行。记录可以慢慢做，但要真真实实地把事情做到位。

第三步，下定决心，理念共进。要想把预算推行下去，就要在内心有一点点激动、一点点火花的时候，把这个火花点燃。不管做得有多差，都要坚定信心，因为作为公司老板的你是最重要的灵魂人物。老板一旦学会了理念、方法，接下来就是决心的问题，要全力以赴地推进下去。

5.3　本章总结

在公司账务合同中，第一个要关注的就是治理结构。治理结构在预算中的设计，是股东、董事会、经理层及执行层这四个层级的关系。曾经有一位做投资的人告诉我，未来很多民营企业可能会面临不能上市的问题，即便上市以后也不能解决经营和大股东的问题，以及传承的问题；可能会面临传承、转让、收购，这对今天所有的企业家来说，都是一个巨大的挑战。

如何让一家企业走得更长远？非常重要的就是要学会怎样变得更聪明、更有智慧。开车的人和坐车的人在车上的感受是不一样的，开车的人基本考虑的是车子怎么好开，所以今天所有的老板、职业经理人都考虑的是战术的问题，而小公司考虑的是执行的问题。开车的人总能把车开得更加舒服、车随心动，坐车要的是平稳，就像做股东和做经理人是不一样的，经理人考虑的是怎样执行更容易，但是股东想的是提高发展速度，所以这本身就是一个矛盾。要提高效率，就要有很强的心力。

第二个要关注的是组织结构。董事会要抓什么？经理层在管什么？下级在做什么？其中非常重要的就是组织要服从战略定位。小公司只会讲人才，这说明老板的经营层次太低。只有组织（包含聪明的人和不聪明的人）才是最强大的，聪明的人在一起往往成不了事情，因为他们都不想做事。换句话说，太聪明的人不务实，不太聪明的人往往愿意做小事情。所以，聪明的人要和老实的人在一起，粗心的人要和细心的人在一起，组织就是这样设计的。

用人是用忠诚的，还是用有能力的？答案是永远要学会用有能力的人。企业永远要向前看，用发展解决问题，所以我们需要"千里马"。当然，"千里马"会难以驾驭，所以我们还要反省自己，怎么和他们合作。要给能人创造舞台，给能人更大的机会。要给优秀的员工不断地加薪，以留住人才；对于不好的员工进行淘汰，预算的过程其实就是不断评审的过程。每个月的考核费、每个季度的调整费，都是不断对策略和人才的筛选。

这个世界上的机会太多了，做老板要学会把好的人才提拔起来，引领大家向绩效倾斜。所以，组织是为了发挥人的积极性，而不是用来禁锢人的。

组织管理其实靠两个原则：第一，离客户更近；第二，向一线倾斜。

第三个要关注的是现金流的管控。利润是年度的设计，现金流是日常的管理。穷人往往会把钱存在银行，富人往往天天想的是去银行贷款。所以，钱的关键是流动，要控制到每天、每周、每月。钱一定要聚集在一个账号上，因为集聚起来的钱才会有能量。流动的钱才是有用的钱。有的人一辈子都是"财主思想"，一般银行存款多的大多不是企业家。另外，在缺钱的时候，"钱"才更值钱。大公司基本上都是在经济危机的低谷期发展起来的，经济不好反而能凸显出好的企业。

在这里提供给大家解决现金流短缺问题的四条建议如下：第一条，立刻停止所有的投资项目；第二条，立刻清理滞销产品，以零成本往外销售；第三条，紧缩行政性开支；第四条，整顿公司的组织。一家企业要敢于收缩，淘汰业绩不好的部门，要会开店，也要会关店。所有的公司都是这样的，战略需要调整，撤退是为了更好地经营。什么时候调整？现金流断掉，往往始于不善于制定策略。企业家要有极强的自信，同时还要有一种很重要的思想境界叫作"认输"。

全面预算管理实战表格分解

对很多公司的财务人员或预算人员来说，看到市面上成堆的所谓的财务表格和全面预算表格，如获至宝，但看了又不知道其所以然。即便有了二级报表、三级报表，他们还是看不懂。针对这样的情况，在这里我们只把最后的结果呈现出来供大家参考。

多年来给企业做咨询顾问的经验和国内很多企业的现状都说明了，很多企业的财务管理在内行人眼中乱得一塌糊涂，究其原因大多是公司里面的财务人员，没有把真正的核算工作做到位。

然而令很多财务人员苦恼的是，所遇到的老板根本不重视财务人员，不重视这个岗位。这种现象往往和整个大环境有关系。一些中、小民营企业特别喜欢投机钻营，不想规范自身，而想靠一些关系，做一些讨便宜的小事情。其实它们应该明白，原则永远是在的，对谁都是一样的。

对于这些中、小民营企业来说，它们的财务管理往往会做得比较低端。

有的企业财务核算方面的事情都做得非常好，但是其没有分析利用这些数据，也不知道这个数据是干什么用的。会计十分辛苦，拥有所有的统计数据，但是他不会呈现给老板，而且老板也根本不用那个东西，相当于工作也做了，就是没有用。他们没有把这些数据渗透到企业的运营环节，无法用数据指导运营环节。

6.1　预算开展前的成本核算

为什么我们一直强调做预算之前，先做好成本核算？这是因为成本核算至关重要，企业没有做好成本核算根本不知道该干什么。所以，企业首先要制定产品策略，然后制定客户策略。

◀◀◀【案例与思考】供应商影响客户策略

有一家电子设备工厂在天津有一个最大的客户。这个客户本身是海尔的一级供应商，他不懂也不知道如何跟海尔沟通、交流，也就是无法预判海尔下一个季度的生产计划是什么，需要哪一类别的产品。该电子设备工厂总是因为客户突然下订单而被动接单，导致经常加班，给管理和组织上造成了不小的麻烦。

目前这家设备工厂聘任的总经理是财务出身，深知财务数据在管理中的重要性。总经理亲自在盯这一家客户。

现在这家设备工厂变成了海尔的二级供应商，总经理逼着他们的一级供应商去和海尔沟通、签协议，这样一来，急单、插单现象得到有效遏制，二级供应商做不出来的情况明显变少。

后来经过签订协议，这家电子设备工厂的客户管理情况大为改观。

　　总经理是财务总监出身，在之前做会计的时候就知道什么数字对老板有用，呈现给老板的是有效且最能帮助做决策的数据，而非罗列简单的财务报表。但现实情况是，有的老板根本不听财务人员的解释，财务人员也不会呈现哪些数字存在问题，即不知道这个报表的承接关系，把报表全部平行展示出来，这让老板一看就晕，最后哪个数据对老板有用，财务人员也不知道。

　　所以，无论预算也好，财务也罢，最后呈现给老板或决策者的数据和报表一定是综合性的，让老板拿到这个数据就能立马决策：这个客户要不要？好不好？这个产品好不好？要这样的数据才行，而不要把所有的数字平铺直叙全部拿出来，一定要分等级，一级报表、二级报表、三级报表……一定要把综合性最强的那个报表展示出来。

　　企业总经理不能拿到全部的表格后直接套用，那么拿到表以后该怎么用呢？比如，市面上的很多预算书籍都提供了全套预算表格，实际上，在企业中，甚至连财务部门也都不一定能全部做出来这些表格。因为每一张表背后，都是时间和精力。另外，这些表中的数据要注重可靠性。

　　这些表与表之间都是有逻辑关系的，打个比方，如下所示。

【知识链接】原材料的统计

　　原料消耗：以车间领用原料出库单据为准；每月月末应根据仓库报来的领料单，编制发料凭证汇总表，据此编制材料分配表，以此为附件，编制记账凭证，登记有关成本、费用科目。此项工作要求仓库做好材料的发放工作，主要材料、辅料、机物料要分清，产品直接耗用与共同耗用要分清。

　　仓库所做报表如表6-1所示：

表 6-1　×××有限公司仓库原辅材料收、发、存月报表

库别：

原材料名称	单位	上月库存			本月入库			本　月　出　库												月末库存			备注
								一车间			……车间			委外加工			销售等其他						
		数量	单价	金额	数量	单价	金额	数量	单价	金额				数量	单价	金额	数量	单价	金额	数量	单价	金额	
合　计																							

委外物资仓库每月也必须做报表，样表如表 6-2 所示：

表 6-2　×××有限公司委外仓库原辅材料领、用、存月报表

加工单位：

材料名称	单位	上月结存			本月发出			本月收回			月末结存			备注
		数量	单价	金额	数量	单价	金额	数量	单价	金额	数量	单价	金额	
合　计														

另外，每月末车间要做的报表如表 6-3 所示：

表 6-3　×××有限公司生产车间原辅材料领、用、存月报表

车间：

原材料名称	单位	上月结存			本月领用			本月消耗			月末结存			备注
		数量	单价	金额	数量	单价	金额	数量	单价	金额	数量	单价	金额	
合　计														

原辅材料出库涉及很多一车间、二车间、三车间、四车间以及委外加

工单位或者其他的零星销售行为。那么，在一车间这个报表中，比如一个车间当月领用的原辅材料的数量和金额跟这边仓库发出这个原辅材料的数量和金额必须是一致的、有逻辑关系的。

委外加工单位也是一样的。只要企业涉及委外加工单位，针对每一个委外加工单位都要做一份明细表，也可以把所有的委外加工单位汇总做一份明细表（汇总做时，最好加上项目、委外供应商）。最好将委外单位一一区分。然后将所有委外单位所用原辅材料加起来，跟这里面的数量、金额应该是一致的、有逻辑关系的。

如果是零星销售的，应跟其他业务收入一块核对。其他业务收入这块的数量跟其他业务成本数量、成本计算是相关的。这是一种逻辑关系。

然后每个加工单位，也就是每个车间原辅材料领用的数量要跟发出的材料的数量是一致的。车间消耗的原辅材料成本跟通过产成品计算的这些材料成本应该是一致的。这也是一种逻辑关系。

生产成本主要涉及料、工、费。关于费用，要注意一般工时是最简单的。按照材料计费，或者按照工时也就是时间计费，找到一种合理的分摊方式即可。

【知识链接】

1. 关于工费的统计

要求车间做好工人的工时消耗记录、产量记录；由财务部集中核算，并编制个人工资表和工资汇总表，月末编制工资费用分配表，进行账务处理。

2. 燃料和动力的统计

小企业可以直接编制制造费用；如果是规模较大的企业，所涉金额也大，月末编制分配表，分摊各品种成本和有关费用。

3. 制造费用

月末根据制造费用的累计发生额，编制分配表，采用一定的方法分配到各品种成本中，这里的制造费用不包括车间管理人员的工资与福利、折旧、待摊费用摊销等，这些作为固定费用处理；最后计算产成品成本，并根据产成品入库单进行生产成本结转。

完工产品成本＝月初在产品成本＋本月生产成本－月末在产品成本

关于费用需要注意三大方面：第一，要把生产费用和期间费用分清。也就是有的费用属于期间费用，不要把它放在生产上，摊给谁都不合适。第二，要分清楚主要产品与次要产品。比如有的产品委外加工了，由此产生的成本必须放到产品中去，是一对一的关系。第三，对于财务而言最难也最应该注意的是把所有的加工费用加到一起，在所有入库的产品中进行分摊，这种做法是不对的。这样做就会虚增一部分产品的费用，也虚减一部分产品的费用。可能真正加工每个产品的成本变少了，没有加工的产品费用变多了，所以这是财务最难处理的，也是不被允许的。当企业产品的成本被算错了，那么产品的盈利水平、利润空间肯定也全都是错的，老板依据这些做决策的时候也就会出错。这时候就会走很多的冤枉路，这也正说明了很多企业那么忙，到最后没赚到钱的原因。很多企业营业额越做越大，前面都在赚钱，但后面之所以不赚钱了，就是因为冤枉路走得太多了，把"用功"和"不用功"两个抵消了，所以就导致了天天忙。

按照道理来讲，其实我们分享预算管理和操作，不应该再去讲成本核算，因为这就默认为企业的预算技术已经很好了，所以才有能力去做预算管理。

因为笔者走访辅导了这么多中小企业，发现很多企业的成本核算根本做不起来或者做得相对差一点。有的属于研发类企业或研发比较重要的企业，其报表建制不全，财务人员也不知道每一种产品是由哪一种材料组成的，这样就更乱，也是最可怕的。

接下来讲述的是关于产成品和半成品的知识。

【知识链接】

产品包括产成品、半成品。

（1）产成品：要以入库单据的形式上报财务部成本会计（入库单据须有车间、仓库管理员、质检员三方确认的手续为准，缺少一方确认视为无效单据）；月末入库产量由仓库管理员以报表形式汇总交财务部成本会计。

（2）半成品：每天车间统计员统计各合同上各产品各型号的半成品库存情况，并与实物进行核对；每月月末在生产部部长签字确认后由车间统计员将半成品库存量汇总交至财务部成本会计处。

有的工序已经做得差不多了，到最后却变成了半成品，只差一点就入库了。这时候，很多企业的财务人员就把很多费用放到了产成品上，半成品上没放，结果会发现到了下个月半成品再入库和上个月成本差异就会很大，所以企业的财务人员对于原材料、半成品、产成品这三块的成本一定要分清楚。

当然，以上这些我们只是针对制造企业来讲的，如果是贸易型公司就会相对简单些。贸易型公司的盈利取决于产品定价，想留多少就留多少，因为不存在其他的主营环节。贸易型公司一定要关注成交，不要关注利润率。因为贸易型公司靠的是周转率，绝对不是靠高附加值取得利润。就目前的很多中小企业而言，高附加值策略是不可行的，别人到哪里都能买得到产品。

【案例与思考】贸易型公司如何考核财务总监

有一家贸易型公司是做彩妆经营的，总经理问我如何考核财务总监？

　　这家公司的财务总监也在管理日常的运营，主要关注销售额指标。这是因为公司以现金买卖，不存在回款的问题。

　　另外，对于财务总监，可以去考核他的总量。什么总量？一个是库存总量，也就是对仓库总量的控制。库存总量压下来了，资金占用自然就少了。资金占用少了，总量又少了，周转率必然就提高了。可以采用考核结果、考核过程以及销售额这三个指标考核他。

　　从以上案例中对财务总监考核仓库总量的控制，就能明确看出到底应该是压着 100 万元的仓库来做这笔 500 万元的生意，还是压着 500 万元的仓库来做 100 万元的生意？这就是用总量来控制结果。

　　考核的过程就是逼着管理者变"快"的过程。周转速度要快，采购速度要快，因为周转得要快，卖得要快，这样才能完成指标要求。对于贸易型公司来说，一定要永远记得，量大的东西价格非常敏感，千万不要轻易变动，一旦动了就会伤害很多人的感情。一定要选择那些市场上比较冷的，销售量又相对比较小的产品，我们靠这些产品赚点钱，量大的东西可以用来给公司摊薄一些固定费用。

　　接下来是成品入库。成品入库的数量、金额跟结转的产成品的成本应该是一一对应的。样表如表 6-4 所示：

表 6-4　×××有限公司成品仓库进、销、存 月报表

库别：

产品名称	单位	上月结存			本月入库			本月出库			月末结存			备注
		数量	单价	金额	数量	单价	金额	数量	单价	金额	数量	单价	金额	
合　计														

另外，每月末车间要做的报表如表 6-5 所示：

表 6-5　×××有限公司生产车间 月末在产品盘点表

车间：

产品名称	单位	上月结存			本月领用			本月消耗			月末结存			备注
		数量	单价	金额	数量	单价	金额	数量	单价	金额	数量	单价	金额	
合 计														

📂【知识链接】

1. 财务成本会计对上报数据进行审核及登记台账：

（1）每日接收各车间各环节生产数据，并登记微机账表，确保数据登记准确；

（2）审核各环节数据是否环环相扣，不符的找相关人员进行核实；

（3）关于各环节生产与半成品库存，要不定时地与车间统计员进行核对，对于不符的，要查找原因，直至相符；

（4）关于各环节生产与半成品库存，要不定时地与车间实物进行抽查核对，以确保各单位上报数据真实有效；

（5）每日编制报表时对各单位各产品数据进行审核，对产量与消耗偏离指标较大的车间，问明原因，在报表中写明。

2. 月末财务成本会计汇总各单位各产品产量及各项消耗，并与相关仓库管理员及车间统计员核对是否一致。

3. 按材料会计以现行价统计的各项消耗分摊到各产品上，汇总各产品的生产成本。

4. 结转生产成本，在结转生产成本后对各单位各产品的单位成本进行查看，对于偏离指标大的各项成本消耗再逐一查看是否属实，以确保生产成本的真实性（见表 6-6）。

表 6-6　×××有限公司在产品、产成品成本计算表

产品名称	单位	上月结存			本月投入			本月产出			月末结存			备注
		直接材料	直接人工	制造费用	直接材料	直接人工	制造费用	直接材料	直接人工	制造费用	直接材料	直接人工	制造费用	
合　计														

在成本核算这一块如果弄清楚了，基本上就相当于提前锁定利润了。企业如果都不知道自己产品的盈利空间，那么根本就无法知道自己产品的盈利水平。后面的所有工作，无非三大块：产品的盈利空间、企业固有负担以及管理的代价。

企业如果用产品的盈利空间抵消负担，剩下的就要看管理的代价。盈利空间如果留下来的多，企业负担就会小一点，管理的代价会大一点；如果盈利空间留下来的少，那么管理代价必须小，要不然企业负担过重，就会无钱可用。

我常跟很多老板讲，看报表真的不用那么吃力，要记住六个字：空间、负担、代价。空间就是产品盈利空间。什么叫负担？负担就是把厂门关起来也要花的钱，比如春节这一个星期公司放假，放假了还要花费的钱就是企业固定的负担。

什么是管理的代价？凡是基本上跟"量"有关系的都叫管理的代价。对于一家公司来说，它的"量"基本上都是固定的。今天出去办一些事，办事所花的钱就是变动费用。如果不是为了这件事，就可以不去办。如果

不是为这件事，我们还是要花的费用，就是固定的费用。

≪≪≪【案例与思考】净利润是考核经理人的最佳指标吗？

有一家物流公司请顾问老师去做咨询。老板上来就和顾问老师谈正在纠结利润考核的问题，是否该用净利润作为公司考核经理人的标准？

首先，顾问老师从老板的言谈中判断出，这家企业最起码两三年内可能没有成长性了。其次，顾问师判断出这家公司的经理人日子过得很舒服。

为什么这么说？因为并不是所有经理人都以净利润这项指标去考核。

用净利润来考核经理人，为什么不适用？这是因为影响净利润的因素太多了。对于这些因素权衡不了，他们干脆就会不干。为什么？因为他们要保证每做一单有钱赚、有钱拿。风险太大、控制不了的都不干，所以经理人才会很舒服。

当然以上所给出的大部分表格，很多老板看不懂也不想看，往往是由财务把这些基础工作做好，老板才能知道自己企业产品的盈利水平。在知道了产品的盈利水平以后，在做业务预算的时候，第一个要选择的方向就是：我要做哪几类赚钱的产品？把这几类产品策略做好，再去做客户策略。比如在客户策略上，有的可能不赚钱或者赚得很少，但是因为是公司的大客户，有些产品是不能扔掉的，必须要做。这些产品策略和客户策略要想做好，需要先有成本核算，完成之后做产品策略，才能紧跟着做好客户策略，最后企业才能真正地去做销售。

如果在预算初期的时候，一家企业都不知道哪个赚钱哪个不赚钱，去做的时候就是眉毛胡子一把抓。所以，经营企业也好，做预算也好，肯定要先有一个方向，有了方向才易于选择路径。

对于很多民营企业的财务来说，比较纠结的可能是，算好这些基础数据以后，要怎么样去做产品策略和客户策略，也就是怎么把它们融合在业务运算里。当然，对于老板来说也有一个纠结的地方，就是怎么知道这个成本是不是准确的，以此所做出来的业务预算和销售预算是不是准确的。这就要看企业实际的数据支撑、财务的基础工作以及相关的表与表之间的逻辑关系有没有问题……如果没有问题，那么这个预算就是没有问题的。

其实我们把成本核算摆在最前面的位置，就是告诉企业这是极其重要的一个环节，是基础。没有这个基础，后面即便形式上做得出来，内容上也是不可靠的。你说要卖 100 个产品，可能会卖一个亏一个，为什么还要卖给客户呢？但是如果这个产品要卖给公司最大的客户，那你就要考虑在这个最大的客户身上，其他产品要赚到多少钱。亏的这个产品的钱能否抵消赚的钱，也就是要做好客户串联。

要想做到这一点，首先老板对产品和客户的把握度一定要高，财务的管控能力和分析归纳能力一定要强，所以这项工作是非常重要的。这在公司前期发展规模较小，组织架构相对简单，管理的难度和跨度不大的情况下，可以实现。

有时候在为各类企业做顾问辅导的时候，发现预算咨询做着做着就偏了。顾问师要想帮助企业把预算做好，必须渗透进其中的运营环节中，原因在于很多问题就是对运营环节弄不清楚，所以才进展不下去。不难发现，很多企业的问题出现在流程设置上，进而导致效率低下。老板自己都不明白为什么会这么低。

比如，很多老板让员工盖房子。在这个位置上，有个人盖得不好，总是出错，老板就用两个人看着他，不让他出错。我们正常的做法或者说正常的理解，应该是换一个人去盖房子，让不太容易出错的人在这个位置上，就可以省下两个监督的人。但在现实中，对于这些道理虽然都清楚，但绝大多数人做不到这一点。

6.2　编制公司预算样表：一阶段模拟报表

6.2.1　第一步：编制客户毛益贡献表

　　对于表 6-7，每一个客户都应该去做数据方面的区别整理。当然，在很多制造类企业中，相对来讲，产品类别比较集中，不会有大起大落，有的时候客户也是相对稳定的。贸易行业就需要面对单向客户了，所以贸易型公司要做区分，如果有代理，就会有相对固定的客户；如果是单纯的直接消费品，没有什么重要客户，最主要的就是要分析产品。因为我们都知道贸易型公司一定是靠客户绝对数量的增加，而不是靠消费频次发展的。贸易型公司的很多商品不是买回家里用完就坏了，也不像促销的食品，吃完再购买，这一点是有很大不同的。很多的促销、展会一定是为新客户服务的，而不是为了让老客户重复消费。

表 6-7　客户毛益贡献表

序号	客户名称	销售收入	毛益额	毛益率	收入比重	毛益额比重
1	A					
2	B					
3	C					
4	D					
5	G					
6	H					
7	I					
8	J					
9	K					
10	L					
11	M					
12	N					
……						
合计					100.00%	100.00%

≪≪≪ 【案例与思考】研发计划≠销售计划

江苏一家电子高新技术企业的顾问师在辅导做预算的时候发现这样一些情况：

在该公司的市场部门预算中，最大的问题是新品没按照计划上市，计划和实际差异很大。

在该公司的销售部门预算中，公司实际情况是销售端与生产及研发脱节，销售端不知道自己公司生产产品的强项在什么地方，只知道一味地根据自己随意推销的结果，也就是所有客户的需要，反馈给研发部门和生产部门，导致研发部门和生产部门天天忙忙碌碌却干不出成绩。

针对新品研发问题，顾问师建议，应该首先弄清楚新品上市延期的具体原因，从过程中发现问题再着手解决，而且有必要考核研发部门。但了解到公司的实际情况后，顾问师发现研发部门的计划经常会被打乱，主要原因在于销售端客户信息太过分散，变化太多、太快。于是顾问师建议最好的做法是实实在在地提升研发部门的人的研发、创新能力，同时让研发和生产告诉销售推销哪些产品才是正确的，一定要经常保持沟通，确保信息传递及时、准确。

通过咨询，顾问师发现公司在日常生产经营活动中，最主要的问题就是近年发展缓慢。虽然看得出管理层也下了很大功夫，也很想做好管理，但理性数据提供的支持程度不够。这家公司主要应该改进目前的管理方法和数据统计办法，在进一步建立健全基础数据的基础上，在发展过程中学会用数字做决策，合理控制和关注成本、费用的风险，提高企业的资产周转率，实现有效、完善的财务支持。

这家公司的案例也同时告诉我们，一定要更多地关注非财务指标，在日常工作中一定要让公司产品和客户贴得更近。要将公司赚钱的产品告诉销售人员，让销售人员卖公司擅长的产品，而不是在市场上随便带回信息，让公司研发部门整天在忙新品，而且这对他们来说既不擅长也不出业绩。要让所有的销售人员都知道公司里哪些产品既能赚钱而且效率高，良品率高。然后让所有的客户都知道，公司里有这几种标准产品可供选择。通过研发前端与客户沟通，争取让客户选择标准产品或者稍微简单改一下型，而不是说满足客户的任意需求，变出一个新品订单或者特殊订单。如果有客户下了特殊订单，等产品部门研发出来，估计黄花菜都凉了。

表 6-7 其实可以告诉我们很多信息。很多公司的部门都认为这跟它们没关系，因为财务就做了这样一张报表。

真的跟它们没关系吗？客户是谁选来的？卖了什么东西给客户？谁来卖的？客户贡献值如何？我们要不要在这个客户上再下功夫？对于这个客户，平均盈利是多少？这个客户销售比重已经达到了多少？会不会比重太大？这个客户总计需求有多少？我们这点需求在其总业务中占的比重是多少？……所有这些情况都没弄清楚，就单说这个表格跟其他部门没关系，对吗？难道成本这么高跟采购人没关系吗？

结合前面的案例，那家海尔公司的一级供应商，在下级供应商公司里的收入比重达到27%，占一般客户正常消费的1/3，如果我们是二级供应商，我们要看什么？首先要看我们供应给他们的那个产品组合是不是我们最擅长的，还要看它的盈利水平到底如何。相对来说，盈利水平普遍高的产品，量不可能大，这是一个自然规律。所以，如果它的盈利水平很好，收入比重已经很高，就不可能再有多大的需求量了。这时候就该赚客户的利润了，逮住一把是一把，所以对于公司来说一定要弄清楚这些客户信息。

但是在其他收入比重相对比较低的客户身上，你会发现如果单纯地下功夫，效果好像又不好。为什么呢？因为客户的总盘子小，翻一番也就那么一点点。所以，这时候你还要去权衡，去问我们在客户那里到底占了多少采购计划。这一点一定要弄清楚。产品盈利水平低，是不是跟我们产品的成本高有关系？

一般像精加工行业材料成本低，但绝大部分行业，如制造业实体经营涉及的材料成本还是比较高的。所以，我们必须要弄清楚，盈利水平低，要么跟材料采购成本高有关系，要么跟良品率低有关系。深入思考一下就知道，人工费成本一般不会太多，往往是良品率低、报废太多，或者其他原因。所以，我们作为管理者，看一个数字要反复利用逆向思维，要想很多的问题。

话说回来，表 6-7 要求财务呈现的时候一定要真实、可靠！如果财务呈现的就是错的，所有的分析就没有意义了，所以老板一定要通过这种方法去管理。当然是不是好客户不能单一看这张表，还要看回款金额、资金债务情况，严格起来讲还一定要看客户的账期，也就是看他的资金占用情况。

在上面这家电子高新技术企业中，顾问师现场让财务人员把成品库存的资金压力和利息算到销售部，并念给他们听，销售部经理听完当场脸色都变了。起初他们就是客户给个单子马上就要求公司研发部门去做，客户一年内要发货怎么办呢？不给销售部压力，他们就不去创新，还总是以为老板会掏钱垫上，认为这些事跟他们无关。但是把这张表分析到点上，所有部门都不会认为和自己没有关系了。在实际企业经营中，很多财务经理无法深入分析这张表，或者不知道如何分析，就会造成所有部门都产生"与自己无关"的感觉。这也正是我们希望大家注意的地方，要学会逆向思维，要通过结果去推过程，找出真正的原因，再用数字去验证财务结果的呈现，这样一来，企业管理就顺理成章了。

6.2.2 第二步：编制费用比率表

根据上年费用占比，编制费用比率表（见表 6-8）。

表 6-8　费用比率表

科　　目	本期发生额	上月累计发生额	比率
主营业务收入			
主营业务成本			
主营业务税金及附加			
其他业务收入			
其他业务支出			
营业利润			
营业利润率			
营业费用			
运输费			
宣传费			
佣金			
检测费			
其他			
管理费用			
工资			
财务			
人事行政			
资材			
业务			
质量			
工程			
折旧费			
福利费			
差旅费			
办公费			
修理费			
运输费			
保险费			
服务费			
业务招待费			
电话费			
培训费			

（续）

科　目	本期发生额	上月累计发生额	比率
职教经费			
印花税			
专利费			
无形资产			
审计费用			
财务费用			
手续费			
利息收入			
汇兑损益			
利息支出			
营业外收入			
营业外支出			
投资收益			
出口退税			
利润总额			
所得税			
净利润			
营业净利率			
废料收入			
总利润率			

　　编制费用比率表时，假定我们的管理水平跟上一年是一样的，下一年可以延续这个管理水平。在推算各个指标变化的时候，各项费用的比率需要先确定，金额是变动的。这时候我们心里就会有一个测算的预期。但这里面固定的费用基本上是不变的，我们要把固定的改回去，再按照这个标准控制住各项费用的发生，企业的利润就提前锁定了。

　　说到这里，有些老板的心里可能会"咯噔"一下，纠结如何做好接下来的费用管理。其实管理者不用那么纠结，哪怕有不该花的钱花掉了，在管理水平不够的时候管控不住或者是无法掌控的时候，该花还得花。不妨就先按照原来的水平进行支出，等将来慢慢做大了，企业赚到钱了，就可以请能力更强的人来抓好管理。

这时可能有人会有疑问，就是为什么要先编制第一步的报表，然后再编制第二步的费用比率表呢？这是因为，我们要先知道企业的盈利空间，才能编下边的表，即需要先知道企业产品的水平，主营业务成本才好结转。

这里为什么单单分析客户毛益贡献表呢？想想看，我们企业的产品是卖给客户的，肯定要按客户分析，因为我们需要知道每个客户的平均盈利水平，还得知道卖给哪个客户什么产品，这两个是相辅相成的。编制的过程看似简单，但是对公司的能力和水平的要求非常高。另外，对数据的运用分析和对未来总结的水平要高，这不太容易实现。

第一步编制表格，第二步控制费用，然后预计明年的销售情况。之后假定管理水平、盈利水平都与去年一样，但销售还要增加，根据这些信息再去编制报表，利润自然而然就出来了。

有些书会把全面预算涉及的各个部门的表格都给出来，在这里我们就不为大家一一展示了，因为根据实际情况判断，很多公司其实根本用不上全面预算报表，也不需要去做。为什么呢？一般实力很强的公司才用得到那些全面预算报表，这需要公司设立专业的预算管理委员会，每个部门由专职的预算员编制。小企业一般都由兼职的预算员处理这些事，没必要做得那么细，这是由于企业自身不具备行业领先地位，做不了主。企业要想实现行业领先地位，比如像海尔、华为这类企业，能做到"我要卖什么，你就得买什么"这种程度才可以。现在很多小企业都是客户要什么，我们就提供什么。但问题是，谁又能知道客户会要什么呢？所以，这时候企业的标准产品，跟客户定制一定要分开，可以分开做。

6.2.3　第三步：编制模拟利润表

按照下一年预计销售额，编制模拟利润表（见表6-9）。

表 6-9　模拟利润表

科　目	本期发生额	上月累计发生额	比率
主营业务收入			
主营业务成本			
主营业务税金及附加			
其他业务收入			
其他业务支出			
营业利润			
营业利润率			
营业费用			
运输费			
宣传费			
佣金			
检测费			
其他			
管理费用			
工资			
财务			
人事行政			
资材			
业务			
质量			
工程			
折旧费			
福利费			
差旅费			
办公费			
修理费			
运输费			
保险费			
服务费			
业务招待费			
电话费			
培训费			
职教经费			

（续）

科　　目	本期发生额	上月累计发生额	比率
印花税			
专利费			
无形资产			
审计费用			
财务费用			
手续费			
利息收入			
汇兑损益			
利息支出			
营业外收入			
营业外支出			
投资收益			
出口退税			
利润总额			
所得税			
净利润			
营业净利率			
废料收入			
总利润率			

编制模拟利润表时，先默认企业的管理水平跟去年是一样的，即按照去年的费用比率来测算，今年按照去年企业的盈利水平和比率做成营业额，确定允许花多少钱。但是要把固定费用改掉，因为固定费用不可能随着营业额的上升而上升，除非公司未来有重大的投资决策或者有出租房的，所以要改成固定的数字。

一般来说，部分中国的民营企业营业额翻一番，固定费用都不会增加，因为它们的整体效能本身没有发挥好。

≪≪≪【案例与思考】财务总监的秘密

浙江的一家机加工企业，聘请了一位财务出身的财务总监。这位财务总监上任之初，聘请了一位人力资源出身的男生去当会计。为此，车间的工人包括其他部门的人都在暗地里没少拿这件事取笑过他。

但后来，正是因为财务总监的这种做法，使得这家企业的数据统计的准确性有了大幅提升，也大大降低了管理者的决策风险。

原来，财务总监面试这个男生的时候就感觉他很聪明。该财务总监把自己需要的表格编号，问前来应聘的面试者能不能看明白。比如一单位材料可能做成多少个产品？再比如要求财务人员把车间的一个主量单位、附计量单位一定要在表上列清楚。

前面财务总监面试了好几个会计就是弄不清楚，这个男生在面试的时候完全跳出了财务固有的思维，能清楚地理解财务总监的要求。后来这个男生就被录用了。用财务总监后来的话就是：其一，他是一张白纸，又是当地人，具有稳定性；其二，他什么也不懂，别人对他没有戒心；其三，能够听领导指挥。

财务总监让小男孩去车间掐表，他就去掐表。掐完了，他就回来报告。比如某个产品明明他们调机工艺单上说这个产品这一道工序用时 2 分 10 秒，他掐表出来报告是 1 分 50 秒。他去问车间工人，你们明明是 1 分 50 秒，你们为什么要写 2 分 10 秒呢？工人回答说留点时间让我们浪费呀！这样就知道水分有多少了。

所以，财务人员和统计人员一定要把成本核算好，不然就无法帮助管理者进行决策，因为数据不可靠。

6.3　编制公司预算：二阶段模拟报表

6.3.1　第一步：销售预算表及预计销售收款表

预计销售收款表如表 6-10 所示。

表 6-10　预计销售收款表

销售预算（20×1年度，单位：万元）												
	1月	2月	3月	4月	5月	6月	7月	8月	9月	10月	11月	12月	全年累计
A													
B													
C													
D													
G													
H													
I													
J													
K													
……													
月小计													
当月回款百分比													
客户表 月度	预计收现（20×1年度，单位：万元）												
	1月	2月	3月	4月	5月	6月	7月	8月	9月	10月	11月	12月	全年累计
月小计													

注：1. 现金回款（这里"预计收现"中包括应收、预计收的资金，也包括以往客户形成应收账款中的现金回款）和年末的应收账款应相联系。

　　2. 销售预算需要考虑的因素有：过往销售、定价政策、未交货订单、市场状况、行业前景及营销广告。

　　二阶段模拟报表的第一步是：编制销售预算表及预计销售收款表。这就要求财务把其按月份分开，以反映出月度的成长性或者月度之间的变化性。

　　表格中的空栏就是销售部门要提供的。在实际经营过程中，我们为了便于分析，把预计收现也放在一起了。放在一起的好处是，一个月的营业额要实现多少，这个月的预计收款是多少，很直观，当月的现金收付比例马上就能被看出来。

这也是我们在实际工作中要注意的，我们会教大家把很多便于比较的数据放在一起，这样管理者看起来更舒服，而不是老板问一个，去翻一张表，刚看完这个数字，就把前面的数字忘了，能综合的尽量放到一起，便于比对，也便于观察。

但是在实际情况中，绝大多数企业还是依靠历史经验行事。有些企业的预算会议或经营会议经常会用 SWOT 分析等先进的分析方法，但大多数企业不敢冒风险实际应用这些分析的结论指导经营，原因在于它们对外部的把握度不够，还是靠以前的经验来算账，这样风险相对来说会小很多。

销售是一家企业的龙头，这就要求销售的信息必须要真实可靠。销售信息如果不可靠，后面研发部门就会非常忙碌，因为运营环节需要时间，但销售给出的客户信息又是瞬间变化的，这就需要分别考虑。

如果是一家新兴公司，在规划的时候还要根据市场的需求，要符合时代的发展；如果是一家老牌公司，已经存在了很多年，它的信息还跟市场大需求、大方向有关系。这也就告诉我们，不管做什么，做得再好，如果市场没有需求又有什么用呢？所以说到底，销售信息最关键的首先还是市场需求。

其次，企业要考虑自己最擅长做什么，哪个良品率高，哪个效率高，还要考虑到能不能批量化生产。这也是一个问题，一定要考虑能成交。很多公司的管理者因为不懂这些，所以经常导致"三者（销售、研发、生产）分离"，即销售天天弄些乱七八糟的新品回来，研发天天忙得不可开交，到最后销量不大，营业额增加有限，生产全是靠加班做出来的，生产成本翻倍，最后却无利润可言，导致出现很大的问题。

　　经营企业，对于能力要去较真，对于精力要去较真。企业要专注干几件事，不能什么都干。

对于企业来说，不是所有的收入都应该去争取，一定要看看背后的代价，也不是所有的钱都可以省，要看看有没有对收入造成影响。很多老板经常有一种心态，那就是什么都不想放过。在这一点上，特别是销售人员的反馈最容易影响老板。因为大部分公司销售人员是按照营业额拿提成的，所以每一单都不想放弃，但也从来不会考虑背后代价的问题。

这就是前面我们要求老板要做好产品策略，让产品来告诉销售部门，我们能做哪些产品的原因。如果是标准的产品，那就直接卖给所有的客户。如果是定制的，不知道的就按照"额"来测算。比如这个客户的盈利水平正常是35%，那么今后所有的报价都要把盈利水平保持在35%。按照这个思路进行控制，千万不要做预算的时候留35%，报价的时候留10%。

所以，做销售预算时一定要进行区分，也就是把自己的标准产品和定制产品区分开。做好这个以后再去做二阶段第二步——编制生产成本预算及预计付款表。

6.3.2　第二步：编制生产成本预算及预计付款表

生产成本预算及预计付款表如表6-11所示。

表6-11　生产成本预算及预计付款表

生产成本预算（1）（20×1年度，单位：万元）												
	1月	2月	3月	4月	5月	6月	7月	8月	9月	10月	11月	12月	全年累计
预计销售量													
加：预期期末存货													
总需求量													
减：预期期初存货													
采购量													
委外量													
预计生产量													

（续）

生产成本预算（1）（20×1年度，单位：万元）												
	1 月	2 月	3 月	4 月	5 月	6 月	7 月	8 月	9 月	10 月	11 月	12 月	全年累计
生产成本预算												
材料比重												
材料成本												
直接人工比重												
直接人工												
制造费用比重												
制造费用												
当月产品采购成本												
当月委外成本												
月度总成本												
当月付款												

生产成本预算（2）（20×1年度，单位：万元）												
	1 月	2 月	3 月	4 月	5 月	6 月	7 月	8 月	9 月	10 月	11 月	12 月	全年累计
销售商品、提供劳务收到的现金												
收到的税费返还												
购买商品、接受劳务支付的现金												
支付比率												
……												
月小计												

　　公司的销售有了，对应的产品需要配套，产品的生产成本就是采购成本，这样采购预算自然而然就做出来了。公司购买什么原料，才能够生产出客户想要的产品！这时生产成本就要跟上。为什么这里不写采购，而写生产成本呢？因为生产成本是料、工、费，材料采购只是"料"这一块。

企业的预算编制主要分为三大块：第一块是业务预算；第二块是资金预算；第三块是财务预算。业务预算是所有运营环节部门都应该做的报表，比如销售部门要做销售收入预期表，采购部门要做采购预算表，生产部门要做生产的报表等，每个部门要做变动费用的控制。

在资金预算里，大部分公司资金预算主要是指经营环节的，就是凭企业自身的造血功能每个月实现多少营业额，能收多少钱，要支出多少钱。要把这个预算大致做出来。在这里还要关注一下，有没有重要的一些投资行为。

前面的产品盈利水平有了，现金流量也就是资金预算也有了，财务预算就可以做出来了。但问题是，现在很多企业的财务部门没有现金流量表，也没有财务状况说明书，更谈不上有附注了。这样做出来的预算不能说不可靠，只是有很多隐含的未知风险。如果后面的预算都不做，那么前面的预算就只是运营环节的一个结果的呈现而已。好还是不好，都没有评判标准，就无法进行判断。其实到最后的结果出来，有没有分析到底是好还是不好？对公司未来的发展有没有重大的影响？如果没有财务状况说明书，就不会有这些分析。

按照道理来讲，有了财务状况说明书，就可以分析在新的经济形势下，营业额增加了多少，利润值增加了多少，或者现金短缺多少，这种现象好不好，企业应该怎么改善。对于这些问题的分析，绝大部分公司是没有的。

对于这张表格，每家公司可以根据自己不同的需要再加入不同的项目进行分析。比如表中的支付比率，意思就是一家企业这个月收多少钱，这个月付多少钱。对此，从表中一眼就能看出来。如果收到 100 万元，支付 80 万元，留给企业 20% 的腾挪空间；如果收到 100 万元，支付 95 万元，那么企业的财务风险会很高，因为管理一旦松懈，周转一旦慢下来，企业后续的运营将面临没钱的风险。

6.3.3　第三步：编制人力成本及变动费用预算表

人力成本及变动费用预算表如表 6-12 所示。

表 6-12　20×1 年人力成本及变动费用预算表

序号	项目	20×1 年公司总费用	预计人力单位成本	各部门费用					
				财务	质量	资材	制造	业务	人事 / 总经办
1	人力成本								
2	年终奖 +13 薪								
3	年度效益奖								
4	高温费								
5	节日福利								
6	培训费用								
7	拓展旅游								
8	餐费								
9	办公用品								
10	招聘								
11	体检								
12	年会								
13	运费								
14	所得税费								
15	工装夹具费								
—	其他								
	合计								

人力成本费用和企业的组织架构有关。因为企业的营业额预算已经做好了，接下来要看现有组织架构中的人员能不能实现企业的营业额的要求。比如，企业从 6000 万元的营业额，预计上升至 1 亿元的营业额，要达成这个目标，企业的人员够不够用？

对于此，该如何去评判呢？这就关系到企业各个部门经理的预算统计了。在当前这些人员的基础上，如果营业额增加这么多，每个人的工作量相对来说肯定会增加。各个部门就要评判工作量的增加，部门能不能承受得了？大部分部门是不会增加人员的，要增加的一般是销售人员或者研发人员。

为什么这两个部门要增加人员？因为对于研发部门，要有人研究，才能有新品面市，而且也不是有人就一定能研究出来的。对于销售部门，如果是和客户谈判，谈判金额的大小与谈判实际花费的时间和精力几乎是一样的，关键是要有沟通技巧和能力，这才是最重要的。所以，需要增加有能力的销售人员。可悲的是，很多企业中的财务人员有部分是多余的，他们一般是因为分工不明确或者分工太细，相互没有关联性，也没有制约，所以人越多越做不好工作。

因此，关于人力资源成本，要求各个部门编制成表，编完了以后进行审核，怎么审核？有一种方法可供参考：各部门之间，比如我是经理，你也是经理，为什么你的单子就花这么多钱？谁来做的？做到什么程度了？就是这样相互制约，而不是说随便报个数字就算过关了。

6.3.4 第四步：编制模拟报表——预计现金流量表

预计现金流量表如表 6-13 所示。

1. 现金收入和现金支出

预计现金流量就是上期结余多少，加上本次现金收入多少。收入主要是指应收款，这里是现金收入；在现金支出方面主要是指材料、人工的费用，这里的数字需要根据前面定的量来填列。企业预计要买多少东西，成本是多少就需要花费多少钱。

通过以上表格就可以计算出现金的期末余额，这时候企业现金是赤字还是蓝字，一目了然。如果是赤字，就需要采取筹资措施。如果企业预算能够提前一年做好，预料到这种可能出现的状况，就能告诉管理者哪个月缺钱了。

表 6-13　预计现金流量表

预计现金流量表（1）（20×1 年度，单位：万元）												
	1月	2月	3月	4月	5月	6月	7月	8月	9月	10月	11月	12月	全年累计
现金期初余额													
加：现金流入													
应收账款													
其他流入													
现金流入合计													
减：现金流出													
直接材料													
间接人工													
管理费用													
资本性支出													
所得税款													
其他支出													
现金流出合计													
现金余缺													
融资安排													
借款													
还款													
利息													
期末余额													

注意：

1. 从现金收入方面看：是否会出现有利润无现金的困境。

2. 从现金支出方面看：做好营运预算尽量压缩营运资本。

3. 现金冗余和短缺：余缺＝现金收入－现金支出。

4. 融资需要量：做好融资预算，调整合适的资本结构。

需要注意的是，从现金收入方面看是否会陷入有利润无现金的困境。企业千万不能出现利润过大，到最后没有现金了这种问题，这说明管理环节没控制好，不该付的提前付了，该收的没收回来。事实上，存在这种情况的企业比较多，因为在世界上永远存在这样的悖论，那就是买东西的总喜欢多买，放在家里少操心。但是从财务管理角度来讲，这需要占用一定的资金，而且没有一家公司的资金是无限量供应的。永远有这种矛盾存在，这就是需要管理的原因。采购人员经常因为驾驭能力不够或者谈判能力不够，讲得最多的话就是"我们量少啊……"销售人员经常对我们讲："我们的东西太贵了，客户嫌贵……"这时候，我们就要问问销售排名第一的人是怎么做到的。

◀◀◀【案例与思考】辅导机构的盈亏困惑

有一家英语辅导培训机构，去年共计有九个分校，其中有四个分校是亏损的，总计亏损了 3000 万元，老板不知道该怎么办。从老板的描述中，感觉每个分校的管理者对数据不敏感，但又感觉每个分校的管理者都很好，一时又无法评判哪个好，哪个不好。

另外，机构固定成本和收入的匹配有问题，费用和自己的盘子不匹配，盘子不够大，固定费用高。到底固定成本占比多少算健康数据？对于这一点，老板也是颇为困扰。

顾问师给了他三个建议：第一，把销售人员一年的业绩进行排名；第二，把老师讲课所获收入进行排名，服务了才能算收入，销售只是预收款；第三，把所有的教室算一遍，在里面上过一堂课的教室确认多少收入，把单个教室的收入计算出来。

关于学员上课部分，只有讲师授课了，学员学习了，才能算服务实现。对于这一点，销售也有问题，要注意不能什么钱都收。比如，对于有的小课种学习，不能轻易向学员许诺授课，如果许诺了，就会把老师的时间占用了，把销售的时间也占用了。为了避免类似的情况出现，其实还需要后面的数据提供指导。

可以看出，如果企业能把上面顾问师给出的三个建议做成表，老板自己就可以明白应该怎么做了。其实原来这家公司也有管理分析，但分析出来做到亏损这一步就不知道怎么办了。报表若呈现出亏损，该怎么办？从哪里下手？

对于这家公司来说，建议总部费用一分都不要分摊到各个校区中，先看各个校区本身的经营情况，看看它们自身能不能养活自己。这是很重要的。按照有些人的观点，可以按照收入分摊总部费用，或者按照 ××× 来区别分摊……但在这里要注意的是，校区有大小，怎么分摊更合理？为什么营业额实现得多的校区就多分摊一点？做得好就应该多承担吗？所以，怎么分摊都不合适，那就先不分摊，先看它们自己能不能养活自己。

对于这家机构来说，固定成本占比多少算健康数据？我们建议教育行业不要超过 50%。这家机构的老板要找到企业的保本点，要明白赚在哪里，亏在哪里。这时候老板需要做好以下三件事（适用于小公司扁平化管理）：

- 帮助销售找收入来源、方向。
- 配备老师保障成交。
- 了解每个校区能赚多少钱，确保每个项目都能赚钱。

对于费用控制来说，省钱可以，但是绝对不能影响收入；花得多，赚得多才行。弄清楚老师的个体工资情况，要加大老师的人均收入，但不要增加教室的固定费用。

在销售人员的管理方面，存在的很现实的问题是，第一名实现两三百万元的营业额，最后一名实现二三十万元的营业额，最后这一名不应该被淘汰吗？为什么不让第一名跟大家分享，他是怎样做到这个程度的？为什么不让授课第一名的老师跟别的老师讲讲他是怎么讲课的？他是怎么吸引并留得住家长的呢？如果总是把各种账合在一起，就无法分清到底谁好谁坏。

2. 融资需要量

做好融资预算安排，调整合适的资本结构。该怎么做融资预算？

第一，要根据融资的需求量来计算。第二，如果股本投入太大，那么股东投资回报率肯定低，所以要尽量想办法使资产负债率适当上升，而不要使资产负债率太低，太低往往意味着自己投入得太多。这样融资的资本结构就改变了，资本结构一改变，股东投资的回报率就提高了。

6.3.5　第五步：模拟报表——预计利润表

预计利润表如表 6-14 所示。

表 6-14　预计利润表

科　目	本期发生额	上月累计发生额	本年累计发生额
主营业务收入			
主营业务成本			
主营业务税金及附加			
其他业务收入			
其他业务支出			
营业利润			
营业利润率			
营业费用			
运输费			
宣传费			
佣金			
检测费			
其他			
管理费用			
工资			
财务			
人事行政			
资材			
业务			
质量			
工程			
折旧费			

（续）

科　　目	本期发生额	上月累计发生额	本年累计发生额
福利费			
差旅费			
办公费			
修理费			
运输费			
保险费			
服务费			
业务招待费			
电话费			
培训费			
职教经费			
印花税			
专利费			
其他			
财务费用			
手续费			
利息收入			
汇兑损益			
利息支出			
营业外收入			
营业外支出			
出口退税			
利润总额			
所得税			
净利润			
营业净利率			
废料收入			
未分配利润			

6.3.6　第六步：模拟报表——预计资产负债表

预计资产负债表如表 6-15 所示。

表6-15 模拟报表——预计资产负债表

资产	年初数	期末数	负债和所有者权益	年初数	期末数
流动资产:			流动负债:		
货币资金	2 000 000	36 763 955.54	短期借款	0	0
短期投资	0		应付票据	0	0
应收票据	12 447 612.33	11 323 112.33	应付账款	9 497 370.59	9 497 370.59
应收账款	3 652.41	3 652.41	预收账款	181 695.9	181 695.9
其他应收款	1 366 949.38	1 366 949.38	应付工资	0	
预付账款	0		应付福利费	49 236.11	49 236.11
应收补贴款			应交税金	−156 400.83	−156 400.83
存货	7 930 208.57	7 693 767.45	其他应交款	18 390.45	18 390.45
待摊费用			其他应付款	413 210.23	268 337.2
其他流动资产			预提费用		
			一年内到期的长期负债	1 050 678.57	
流动资产合计	23 748 422.69	57 151 437.11	流动负债合计	11 054 181.02	9 858 629.42
固定资产:			长期负债:		
固定资产原值	22 614 042.15	22 614 042.15	长期借款		

资产			负债及所有者权益		
减：累计折旧	6 767 835.8	7 726 834.156	长期应付款	0	0
固定资产净值	15 846 206.35	14 887 207.99	长期负债合计	0	0
工程物资					
在建工程			负债合计	11 054 181.02	9 858 629.42
固定资产清理			所有者权益：		
固定资产合计	15 846 206.35	14 887 207.99	实收资本	1 000 000	1 000 000
无形资产及其他资产			其中：国家资本		
无形资产	198 459.67	171 998.35	集体资本		
长期待摊费用			个人资本	1 000 000	1 000 000
其他长期资产			资本公积	0	0
无形资产及其他资产合计	198 459.67	171 998.35	盈余公积	0	0
递延税款：			其中：法定公益金		
			补充流动资本	0	0
			未分配利润	27 738 907.69	61 352 014.04
			所有者权益合计	28 738 907.69	62 352 014.04

模拟报表有三大模块：业务预算、资金预算以及财务预算。我们在做预算的时候，一定要站在高处看，不要这样平铺直叙。

第一块业务预算的基础工作是成本核算。这项工作要做，而且一定要做好。目的是什么？就是要提前锁定产品的盈利空间。

这里分为两个阶段，第一阶段主要考虑的是老板和财务经理这两个岗位。老板主要关注产品和客户，财务经理则负责计算、分析、归纳及总结。因此，公司对这两个人、这两个岗位要求非常高。第二阶段需要让其他的运营部门参与进来，做各运营部门本身该做的预算管理报表。

第二项工作是资金预算。资金预算就是财务根据业务部门编制的一些报表来测算资金流量，进而发现资金需求和现金的余缺。

第三项工作是财务预算。在这方面，有了前面的资金预算，财务通过做企业自身盈利水平的预测，来做现金流量表的预测以及资产分布结构的预测。做好这三步，"两个过程、一个结果"就全出来了，也就是形成了公司的三张财务报表：资产负债表、现金流量表和利润表。

之前很多公司做预算都是先做出来资产负债表和利润表，这只能说是企业自身的一种希望，但是实现的途径是什么呢？说到这里，很多财务人员深有体会，以前做这种预算，销售部门一句话就顶回来了："预算都让你们做了，我们也不知道怎么办。"现在按照所讲的这几个阶段去总结，就是按照道理来一步一步呈现。企业有什么产品？要卖给哪些人？能卖多少？有多少营业额？盈利水平是多少？产品的经营贡献有多少？……是这样一步步来的。

预算管理，要实现的就是老板想要看到的结果。对于很多企业来说，第一步想一想自身在这个行业有没有龙头地位。若没有话语权，那就只能乖乖地从前面往后走。产品、材料、客户所涉及的费用都是固定的，唯一能够动的就是管理的代价，也就是想要的结果。企业想要的，无非就是老板自己是否知道要怎么做？从什么时候开始做？让谁来做？做到什么程度？人也有了，时间也有了，钱自然也就有了。

到这里为止，预算管理的两个阶段已经介绍完了。做好这两个阶段，就可以根据过程制定考核指标了。关于设置考核指标，越基层的员工，越要考核他的非财务指标，也就是过程。越高层的人，越要考核他实现的结果。

比如，对于先前我们提到的贸易型公司的总经理，就要考核净资产的成长率和净现金利润率，也就是赚 100 元利润有多少是现金。考核这两个指标就可以，无须考核利润率。以净资产的成长率为例，比如年前是 100 万元，年后变 130 万元，成长情况很好。100 万元赚了 30 万元，这是股东的回报率。为什么要根据过程制定考核总经理的指标？这是因为所有过程他都事无巨细地关心，最后肯定什么也做不好。

企业老板设定规则，让所有人为总目标服务是对的。考核一线员工，应该采用比如准时交库、准时到库、准时入库、准确对账等非财务指标。很多老板总是喜欢把应该自己决策的事情轻易下放，把管理的问题自己抓起来，最终会得到不好的结果。事实上，决策的事情不要轻易下放，下放也没有用，没有人替老板操那份心。

> 管理就是老板和管理者设定规则，设定期望的结果，然后时时刻刻监督检查，而不是什么事都带着各部门员工做。一定要知道，付出什么样的代价，才有什么样的期望。

在现实中不难发现，很多中小民营企业的老板对经理人的要求普遍偏低。最主要的原因是老板自己不懂，不知道如何提要求，经理人又不清楚自己如何主动开展工作，最后导致老板经常困惑：花了钱请的人做不好工作。这其实是由于老板和经理人缺乏沟通。

以上就是我们为大家展示的一些预算管理表格，当然也有很多企业的财务数据是健全的、详细的，甚至各个部门、各个岗位上的表格十分完备、齐全，但最后还是做不好工作，最关键的问题其实还是需要弄清楚：在现实中这些数据应该怎么用？为什么要用这样的表格？做这样的数据和表格有什么好处？这样做表的目的是什么？这才是最重要的。

如何做好全面预算管理

预算的过程就是通过预算把管理者的行为激发出来。现代企业管理就是让大家凝聚起来，朝一个目标去做有意义的事情，这样会变得更加有效率。经营企业要讲究效率，效率则表现在投入产出比上。

它有三个纬度：时间、金钱以及价值。预算就是将所有的投入和产出，所有的价值和成本放在一个整体框架中去平衡。每个人的专业不同，有的人学的是市场营销，所以他关心的是收入；有的人学的是制造，他关心的是产品。这其实就是一个障碍，使得经理人没有办法打开自己的思路。

选择一个好的经理人有三个条件，第一个条件是价值观层面。最基本的价值观是道德，其次是愿意劳动致富，再次是追求卓越。第二个条件是财务预算层面，财务的概念决定做事情的效率。

经理人分为三种：第一种叫作机会型，第二种叫作资源型，第三种叫作价值型。对号入座，你是哪一种呢？

第三个条件是组织与流程管理的思想。做事能够按常理出牌，不要从个人出发，而要放在组织中。预算的过程就是设计组织的过程。

7.1 一家成功的外企年度预算的真实呈现

应该如何去推进一家企业的预算管理？我给大家做一个呈现，讲述一个自己亲身经历的事情。

7.1.1 财务报表呈现

多年前我曾经在一家外企担任 CEO。一般在 9 月的时候，会要求财务制作三张财务报表（这些财务报表是估算出来的）。每一次开会的时候，问题出现后要怎样调整，结果如何，要通过报表分析出来。分析报表后，需要对这一年的经营进行反思，同时高管要进行讨论，讨论的时候人一定要少，而且讨论之前一定要做功课。很多公司开会时，都是老板一个人在讲，下面一堆人傻傻地听。其实，经理没有思想主要还是老板不激发他们导致的。

7.1.2 召开季度会议

第二步是召开一场四季度的会议。这种季度会议是为了冲刺，永远不要放弃最后的机会。会议要形成一种压力，没有压力的会议是没有意义的。

7.1.3 权衡股东回报率

第三步是对今年和明年的股东回报率做一个权衡。在股东回报率中，分子代表经营的能力，分母表示经营的代价。这个指标能让所有的经理人都有成本意识，必须要放到每个部门、每个店去，并且每个部门的业务区域都要考虑股东的价值水平。

7.1.4　战略经营布局

第四步，领导者要在明年的战略上做经营布局。领导者永远是在战略上做选择题，战略上如果出错的话，员工就会走在错误的道路上。明年要怎么做？一系列的想法可能已经研究了半年，做了很多次测试。公司的蓝海策略以及公司的未来，其实应该是领导在开预算会议之前就已经想清楚、弄明白的。这时候，如果是一家公司的总经理，就应该为了明年的策略问题专门找顾问，跟他们交流，了解将会实行什么政策提高产品的标准，清理行业。

当前很多已经做过一些市场分析的企业，会发现 A 级客户创造了 80%的利润和营业额，A 级客户在哪里？我们要怎样去锁定他？公司每年新增的客户一定要达到 25%，因为老客户每年可能会流失 12%。可能各个公司会不一样，这需要做大量的分析，这项工作不是去跟业务员商量，而需要老板亲自做出判断。公司里往往会有一部分不赚钱的客户，吃掉公司的利润，而且还会占用公司的销售费用。不好的客户不但不会给公司带来效益，还会给公司带来负面连锁反应。所以，老板在策略上要做视察，进行理性的分析，公司越大，领导者要分析的问题就会越复杂。预算过程就是强化理性的过程；所有决策，特别是高层次的决策都是极少数人做出来的。

7.1.5　开预算动员会

第五步是开预算动员会。预算动员会有哪些人来参加？

第一个是总经理；第二个是组织预算管理的领导者，一般是 CFO 或者财务经理，他要有极强烈的责任感和意识。"为什么没有达成？"这是 CFO 每个月开会要讲的问题，也是每个业务经理、部门经理需要回答的问题；第三个是公司预算的组织单位（预算考核部或者预算专管员），在公司里要建一个专门的组织；第四个是各业务单位及职能部门的一把手（不能是越级的人）；第五个是各业务单位的预算专管员，也就是财务总监、各个预算管理部门的下属人员，他们要渗透在各个单位里面。他们要帮助各个业务单位做报表等日常工作，是每周、每月的报表编辑。

在预算动员会上要讨论哪些事情？明年的预算如何去做？第一步，要讲战略和形势，战略分为 10 年的、5 年的、3 年的。明年如何做？今年做到了哪些？有哪些没有做到？明年哪些地方需要加强？明年的经济形势和明年的业态如何？在这里要补充一点，所有参加预算会议的人要签署保密协议，因为牵涉到公司的一级机密，要让律师做好备注。第二步，对明年的预算做一个大体的框架安排。比如，销售部门在哪些方面进行布局？第三步，CFO 要做时间表，根据领导安排要做哪些事情，然后要填哪些表格。不要让经理填写表格，他们没有时间做这项工作。经理主要负责想点子，出主意，做决策，签字认同。第四步，预算专管员做直接培训。

从 10 月开始做销售预测。此预测要对销售的品类、客户、时间分类，对市场、客户及交货时间进行细分及确认。细分之后是策略模拟，很多公司预算出错的原因就是没有进行策略模拟。另外，还要做投入产出比的分析。做完销售预测之后，要开三次会议。财务总监要开会，因为 10 月开始做的预算是整个预算成败的关键。要注意，收入预算难做，支出预算好做。此外，要对市场进行再一次确认，确认这个市场到底怎么样。

11 月开的会议，要对预算进行调整，同时各部门之间要进行协调。11 月的会议如果不能做到坚决彻底，明年往往就会出现一堆问题。

永远不要相信应变能力，急刹车总有一天会刹不住。

开会的时候要注意，一定要平衡资源、先紧后松，很多人在跑步的时候可以跑那么长的距离，还那么轻松，就是因为放松跑、慢慢地跑。我们要的是长久，而不是一时的速度。所以，你在做明年预算的时候需要确认、调整以下内容：新产品能不能上市？要不要开拓新市场？是放在上半年，还是下半年？

12 月时要做综合报表，以呈现我们的预算表。财务要开始统筹资源，比如利润会怎么样，现金会怎么样，最近最难的是什么。在这些方面，每个月都要保持平衡。做完报表之后，部门要做内部的小预算。这时候各部门要编制岗位预算，细分市场的资源投入。比如，明年准备开 10 家店，怎么开？在哪里开？然后每个店的店长应该做什么？要开始参与计划组织，让干活的人一起来编制他所负责的事情的计划，这样他们就会自觉执行。一家公司的管理水平往往取决于干部的预算总结，所以 12 月还有一件事要做，就是进行内部宣讲。

7.2　"两上两下"的预算编制过程

预算不应该由财务部门来编制，而应该由公司全体的管理层一起来编制。财务部门编制预算，实际上是自己在那里盲目地画蓝图，因为具体的业务还是由业务部门来做。所以，预算的编制是整个公司的工作，应该由公司所有的管理人员全体参与。

预算编制的过程，实际上可以称为"两上两下"（见图 7-1）。我们也把"两上两下"的预算编制过程共分为以下十个步骤：

"上"：第一步，领导高管层做预算准备和启动安排；第二步，高管层放出计划，摆出目标，确定战略，讨论战略；第三步，在高层阶段完成预算安排后，要下放到各个职能部门中进行总结，做出一个粗略的预算；第四步，职能部门将做好的预算上报；第五步，高管层针对部门预算进行讨论。

"下"：第六步，高管层再次下达讨论过的预算指标；第七步，各职能部门根据下达的预算编制详细的流程。

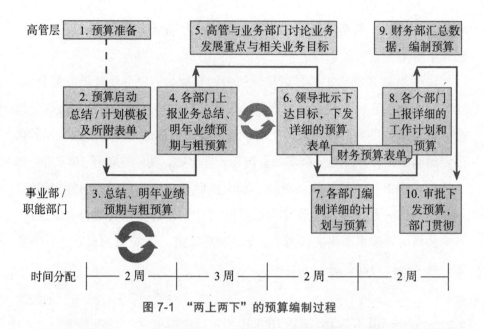

图 7-1 "两上两下"的预算编制过程

"上"：第八步，各个部门将流程上报；第九步，将编制好的预算报到财务部，由财务部门来编制汇总。

"下"：第十步，财务部审批下发预算。

公司的全面预算如果能花三个月的时间细致地去做，对于整个公司来说，就会起到强化沟通、协调内部、团结一心的作用。每一次预算的完成都会让大家脱胎换骨，各部门之间的关系也因此会亲近许多。

7.3 预算编制十步法

预算管理的过程

编制预算需要注意哪些方面？有些特殊的预算由两部分组成：一部分是收入的预测，另一部分是支出的预测。收入的预测比较难，支出的预测比较容易。

1. 预算管理的过程循环

编制预算首先要编制销售预测，然后根据销售预测编制物料的备货计划、新品配货计划、研发配合计划以及配货计划等。当工厂制造部门要增加设备的时候，还要和制造部门编制设备改造计划。因此，预算管理的龙头在销售预测，所以，销售预测最重要。只有销售预测被做出后，才能完成后面的物料、生产、制作、研发、品管等计划。

财务预算首先要做资金的安排计划。比如，销售部门说明年销售额要大涨，那么这就有可能伴随着资金投入的增大，财务部门需要编制相应的资金配套计划。如果编制资金的配套计划有困难，那么就要进行专项资金的申请。编完以后，财务部门就会做出预测的利润表、资产负债表和现金流量表。比如，在年底的时候，资产负债表是什么状态，利润表显示能赚多少钱，现金流量是哪里多、哪里少，这些都应该在一年前就确定下来。如果这些情况反映得不清楚，往往是因为财务在预算方面做得太粗糙，编制的财务预算表也不够准确。

有了一份准确的财务预算表，等于整个计划就已经通过了。这时候，管理者需要把这个计划分编到销售、制造等各个部门的每个月中，然后还要编制每周的资金预算表，把整个现金流量纳入控制范畴内，不可能出现到时候没有资金的情况。日常工作中最大的问题，就是实际的情况跟检测的结果不一样，要及时地分析这些差异，提出改进的措施，形成整体循环。

2. 预算编制十步法的具体内容

实际上，预算的制定、修正的过程，比预算的结果更重要。那么，预算是怎么编制出来的呢？我把上述"两上两下"的预算编制过程命名为"预算编制十步法"，如图 7-2 所示。

① 定战略	⑥ 找什么
② 建组织	⑦ 资金流
③ 明价值	⑧ 估成果
④ 有什么	⑨ 备应急
⑤ 配什么	⑩ 通上下

图 7-2　预算编制十步法

第一步：定战略。

今天中国大多数企业管理者存在的最大的一个问题是太注重机会，伺机而动，这样就使得企业每一年的预算在不断地改变，打破了企业的资源配置。另外，企业随着资源跑，有些老板心里仍然对重资产情有独钟，但如果投资过多，就会把企业的流动资金消耗光。因此，一家公司在制定战略时一定要考虑到其驱动因素。一家公司能不能走向更大的未来，最重要的就是定位，也就是从顾客的角度往回走。多层次计划预算内容如图 7-3 所示。

图 7-3　多层次计划预算

◀◀◀【案例与思考】如何形成顾客驱动

我在辅导一家大型挖掘机代理公司的时候，公司的高管层提出一种说法，说明年企业为了实现更大的利润增长，要去组合更多的产品。而某一类销量好的产品数量的增加，会带来更多的营业额增长，由此企业可以代理更多的产品。

这种想法不是不可取，但代理产品肯定要投入资源，一个产品要投多少万资金下去，也是一种驱动。最后我把他们的这种思维改变了一下，仍然是卖他们讨论的这种产品，但是要形成顾客驱动。该如何形成顾客驱动呢？就是要增加企业的新顾客的数量，同时对老顾客进行深入挖掘，扩充终端销售，具体方法就是把终端的分公司和办事处翻一倍！

这个建议一经采纳，这家企业的营业额一下子翻了近两倍！方法说起来很简单，但我当时的想法是，从顾客角度往回拉，这时候企业的投入是一种渐进式的，而且好处是整个公司的盈利会同比上升。

第二步：建组织。

没有组织的团队，一定是一群乌合之众。企业组织中的成员要有共同的目标和信仰，并能互相依存，做预算管理也要有组织予以支撑。很多公司的预算组织都仅仅是个临时机构，即每到年底由企业财务部的几个人员组成，做完预算后，这个组织也就解散了。

企业如果能够建立一个预算管理组织，就能够把企业的上下打通，控制住经营的方向并保证结果。注意，这个预算组织的编制机构不是财务部门，而是所有的业务部门和企业的各个职能部门（见图7-4）。

第三步：明价值。

图7-5给出了企业年度计划制订的步骤。

预算管理就像企业经营的一幅地图，预算的编制执行机构一定要贯彻彻底，而且在贯彻的过程中要做到实时监控。当我们构建了这样一幅地图以后，还要在预算执行过程中注意以下两大问题：

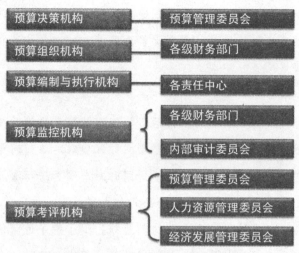

图 7-4 某集团预算组织机构

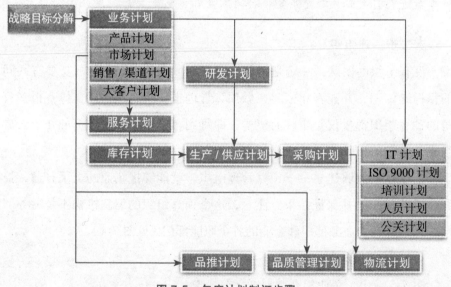

图 7-5 年度计划制订步骤

第一个问题是企业面对的市场环境。在经济形势不好的情况下，企业要面对的首要问题就是调整资源。资源不是一成不变的，但资源一定跟目标有关，同时也跟市场环境息息相关。

第二个问题是要模拟可能出现的结果。企业在预算执行过程中可能会得到三种结果：最优、正常和最差。当企业对这三种结果有所准备时，企业管理的问题点才会更具体、更明确。

【知识链接】

年度经营目标制定要点：

1.公司价值目标

2.重要的投资比率

- EVA

- 长期投资比例

- 投资回报率

- 研发投资比例

- 市场开拓比例

第四步：有什么。

我们很多公司不太清楚自己的产品调整方向，这时候需要把以往产品投入研发的成本费用表调出来，只有这样产品的调整才能落地，才能编制好下一步的销售预测表。也许有人会问，销售预测表中的数据如果高了、低了如何处理呢？我建议的方法是以奖励准确为原则。

【知识链接】

预算目标确定与分解的原则

- 目标：领先性

- 行动：可能性

- 关键：合理性

企业要形成一个业务部门制定目标的习惯，同时让预算编制者自己去承担他所制定的指标产生的后果。执行越准，预算越准，奖励越高，越会让执行人对自己的结果负责（见图 7-6、图 7-7 及表 7-1）。

图 7-6　销售预测考虑因素

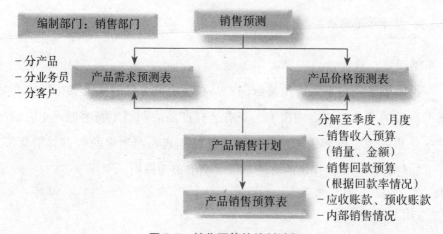

图 7-7　销售预算的编制过程

表 7-1　我们能够提供什么

项目	品类	数量	收入	成本	措施	
					费用投入	时间
老产品	A					
	B					

（续）

项目	品类	数量	收入	成本	措施	
					费用投入	时间
老产品	C					
	D					
	……					
改进	A					
	B					
	C					
	D					
	……					
研发	A					
	B					
	C					
	D					
	……					
合计						

第五步：配什么。

企业在经营过程中，有时会出现能力不足的现象，此时需要从以下两个方面进行努力：一是用时间换空间，也就是说企业在某段时间可能某项能力确实不足，要花一定的时间来弥补这个能力；二是用空间换时间，即用钱购买能力。

企业家在预算管理中一定要非常清楚的是，以什么来弥补缺失，用什么配什么（见图7-8）。注意，配什么的前提是企业要分清哪些属于资源拉动，哪些属于能力驱动，哪些是企业的关键能力，哪些能力是可以随着时间的推移慢慢积累的。

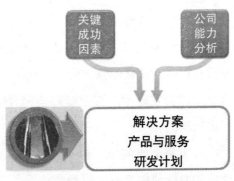

图 7-8 配什么——研发、能力

第六步：找什么。

企业要想取得成功，就需要找到适合的外部或内部合作者，即利益相关者。

> 对于企业管理，我给企业家朋友的建议是，管理的过程就是与下属比耐力的过程，优秀是被要求出来的。

企业善于跟外部利益相关者建立共赢的机制，以获得利润（见图7-9）。企业家要解决好两个问题：一是找到赚钱的方向，另一个是制定分钱的规则。制定分钱的规则就是要在外部利益关系者和内部利益关系者之间，制定合理的规则来分钱。

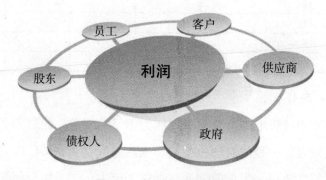

图 7-9　企业的利益相关者

第七步：资金流。

资金流不顺畅，是因为企业的计划没有做好，计划出现问题是因为企业没有控制好日常经营（见图7-10）。很多时候，只要企业学会合理地控制资金，就会发现很多资金流都是闲置的，是可以拿来去做更多的投资，赚更多利润的。

对于资金流问题，最重要的是，要建立在企业的业务控制基础之上，这就需要管理住业务的随意性。

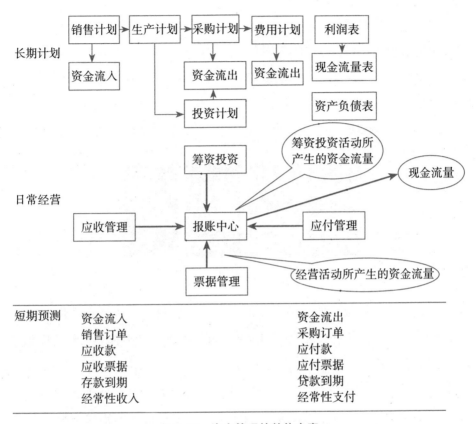

图 7-10　资金管理的整体方案

第八步：估成果。

估成果意味着，预算管理就是要将企业的财务报告与日常的经营活动相结合。很多企业家总说企业缺少能干的人才，其实要解决一家公司中的人才缺失问题，并不在于进行人才的训练，而在于流程的设计。

在企业经营方面，所有的好的技能将来都要归结到有没有价值上，这才是企业应该努力的方向。

企业管理中最难的是要把所有的投入集中体现在成果上，所有的投入都要考虑到时间成本。

第九步：备应急。

企业在经营过程中时时刻刻面临着行业重大的技术变革、不乐观的经济形势、消费者的习惯变化、国家重大的政策调整等诸如此类的外部问题（见图 7-11）。这些问题几乎都会对企业造成三个影响：一是营业额的下降；二是新投资的项目回收期拉长，现金流出；三是导致银根紧缩，企业现金流短缺。

图 7-11　企业潜在的外部问题

对此，企业要想办法从消费者的角度实现盈利。同为企业经营，所处的行业不同，所受的社会环境影响也会不同，因此企业要注意做到备应急。

第十步：通上下。

企业做完预算以后要报董事会审批。国内的很多中小企业没有设置董事会，遇事缺少人商量，在此我建议企业家朋友可以借鉴德国中小型企业的做法。德国中小型企业的股权是属于企业的，但是它们有一个外国董事会。该董事会受利润激励，对企业进行辅助经营并承担责任。因为这些董事会的成员大多是行业经营内的专家，具备非常丰富的行业经验，因此可以为企业的成长带来很大的益处。

如图 7-12 所示，预算报董事会之后，如果董事会通过了，那么就要在

图 7-12　企业预算管理步法

企业内部开展预算的宣导工作。各个部门就要开始编制本部门明年预算的明细计划，所以要去各个部门宣导公司的整体安排和整体预算方案，让每个岗位都明确要求是什么，明年要做什么，分解到每个季度要做什么，这样才能把企业面临的问题全面打通（见图 7-13）。

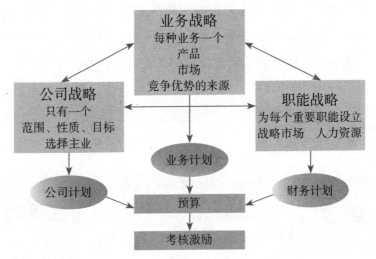

图 7-13　全面预算战略计划与考核的关系

7.4　预算为始，打通企业经营思路

以一家公司实际经营为例，1000 万元的销售额收入，直接成本是 600 万元，毛益是 400 万元，固定费用合计 200 万元，变动费用合计 100 万元，最后还剩 100 万元的净利润。这些数字的灵动在于变化，那么这些数字是怎么变的？这就叫作决策的平衡。

作为企业家，要平衡的五大决策就是：销量、售价、直接成本、变动费用和固定费用。在决策的时候，如果要拉升营业额，有可能计划的 100 万元净利润就会保不住，此时怎么办呢？这就需要明年布局供应新市场。比如，把新布局出来的 500 万元营业额中的 200 万元放在老客户手上，300

万元放在新客户手上，营销费用不够就把固定费用砍掉一些……图7-14给出了预算编制的程序。

　　企业经营的五大决策最重要的是打通企业的"任督"二脉，也就是利润与现金。此外，企业还要做一件重要的事情——制定经营策略：如何分析企业的客户？怎么推销企业的产品？怎么使用企业的组织？预算是怎么做的？……这些都是遵循"数字呈现→决策平衡→经营策略"的路径设计。每个月的检查路径应该是倒推的："经营策略→决策平衡→数字呈现"。从企业的客户策略、产品策略、组织策略，整个逻辑应该是环环相扣的，这就需要我们找到客户沟通模式、产品定位模式以及组织协同模式。

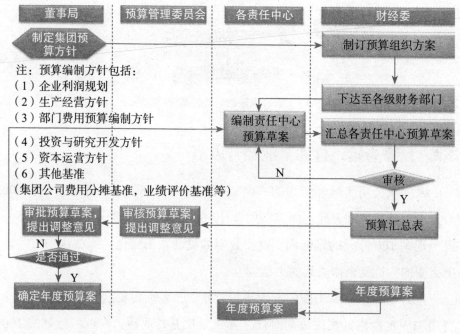

图 7-14　预算编制的程序

　　行军打仗第一靠的是策略，第二要求资源到位，第三才是努力和能力。

我们要站在整体上看公司的整体绩效，所有的财务人员、领导人员及各个岗位的干部都要提高自己的层次，站在老板的角度看待自己的工作。

7.5 本章总结

只有自己做老板，才能体会老板的无奈和决心。在这里，也希望读者能够站在老板的角度看自己的工作，进而发现工作的延展性和老板的沟通属于同一个范围。我们提倡的绩效也好，考核也罢，其目的不是考核，而是为了鼓励大家完成业绩，激励大家为了共同达成公司的目标而努力。

我们也经常看到，销售出身的老板经常一不小心就把公司规模做得很大，但是从来不知道控制风险，他们总认为营业额是第一位的，而忘记了现金流的重要性。在本书里，之所以从头至尾要分享"预算"的理念和实操案例，归根到底是希望每个人都过上美好的生活，也希望能够帮助更多的老板和经理人实现自己的理想，成为一个非常成功的人。

结　束　语

为什么我们的企业总是做不大？为什么以前的盈利方法不灵了？为什么规模扩大了，利润却没有同步增加？这些都是国内诸多企业在经营过程中经常遇到的且令许多老板感到苦恼的问题。

企业家经营企业的目标是追求利润，但为什么我们在利润的道路上越走越偏？利润从哪里来，又到哪里去？解决这些问题成为当今许多企业经营者为之学习不止的动力。只要我们能在企业的经营过程中拥有一种思维体系，就拥有了一套解决问题的工具，而这个企业整体效益化的管理工具就是财务思维！

当我们把企业盈利作为目标时，我们如何才能提高自身的能力，利用企业资源，抓住市场机会呢？提高企业的盈利能力是企业经营的基本功，其关键在于建立企业的利润体系。

首先，企业一定要建立起适合自身发展的利润地图。所有成功的企业，其背后都由财务运营在支撑。企业的利润地图也是基于财务的思维而设立的，它要求企业建立起自身的 GPS 并实现三大功效：选择目的，调整路径，及时纠偏。有了这张地图，企业就可以发现利润管理的方式、方法和路径。

但要解决上述问题，就要从战略、营销和绩效三个方面出发打通利润创造的各个环节。因此，我们要建立的利润体系还应包括：

- 利润战略——引领未来发展，让企业在正确的道路上前进。
- 利基营销——开拓利润来源，优化资源配置，快速占领市场。
- 利润绩效——控制管理行为，建设企业组织能力体系。

只有基于这样的财务思维，我们才能使企业整体的经营管理环环相扣，打通管理的各个关节，保证企业的顺畅经营。

我很幸运自己一直从事企业管理，在外资跨国企业工作了 18 年，专职从事企业管理教学也有 10 余年，一直在围绕提高企业"利润"做研究。经验源于实践，知识归纳于经验，智慧提炼于知识。经过反复研究，终于将自己所学的知识整理成企业的利润成长体系。

YTT 利润管理始于 1998 年，历经 20 多年的发展历史，迄今已有逾万人参与到该体系的学习中来。成功来自积累，我们终于完善了我们的利润成长体系（如下图）：

这个体系包含了方法与课程，利润的实现在企业发展中是一个持续的过程。在实际操作中，它既需要各项优秀管理工具的推力，也需要正确的

分析决策的拉力，更加不可或缺的是利润管理体系的支撑力。

为了更好地实现企业利润的助推力，YTT利润提升工具线上课程将优秀的管理工具复制成模板，并根据不同行业的实际情况加以创新。我们的管理课程通过多年的积累，为几千家企业建立起优秀的管理平台，帮助企业彻底解决了管理执行难、员工能力不完善、流程标准低的烦恼，让企业管理变得简单！

如果有一种学习让利润执行更简单，为什么要错过？YTT利润预算落地课程将帮助企业管理者突破三大管理瓶颈，梳理预算编制的五大出发点，实际应用预算编制十步法，用事实解读预算管理，用工具指导管理实际。

如果能把自己的利润增长点算得更清楚，为什么不早点动手呢？YTT利润决策课程将教会企业家以数字为依据，做出正确的决策。在全景模拟企业现实状况的基础上，教你用明确的财务数字做决策，解决老板做决策凭感觉却无依据的困扰。

如果有一种方式，可以保证盈利的持续，为什么要拒绝？YTT利润模式课程将引领企业家建立起企业外部机会与内部能力相结合的盈利模式。它以企业团队为目标，整体改变企业错误的经营模式，建立起正确的内部流程，准确定位开源、节流和决策的完美结合才是提升企业盈利的关键点。

同样，在利润的拉动力方面，YTT深入了解到诸多企业家都面临着做企业冥思苦想却无从下手的困境，做决策分析难却无力聘请专家的烦恼。我们将通过强大的科学数据支持，模拟分析企业经营能力和规划，辅助企业家理性决策，帮助企业实现利润突破。利润决策软件让你花小公司的钱就能办成大公司的事，让企业经营分析变得更容易！

用智慧创造利润，让利润受用一生，关键不是规模和数字，而是思维！YTT已经做好了准备——为客户创造价值！我们不敢言大，但求专精，将所有的行为聚焦于企业利润管理中，这就是我们可以做到的。

欢迎你来问

企业是赚钱的载体，效益化管理的关键是用财务的思维来管理，用财务的思维做决策。未来的 10 年将是企业发展的黄金期，谁能在通向利润的道路上率先改变，谁就能掌握时代的先发优势。

"从资源到资本再到盈利，我们要思考的是：昨天，我们手上有什么；今天，我们要什么；明天，我们该做什么。"秉承这个理念，我所在的企业 YTT 着手帮助国内众多企业家分析现状，找到企业利润来源，制定企业盈利规划，使企业实现达到最佳运营效果的利润模式。最终，在 YTT 学员所经营的企业中，利润逐年翻倍攀升的企业层出不穷。

该书中所叙述的案例和理念均源于我的精品课程"YTT 利润预算落地班"中的分享。每期课程学习结束后，YTT 都会受到来自全国各个行业企业家的一致认可，因为是 YTT 帮助他们改变了经营理念，创新了经营思路，改善了经营效果，提升了企业价值。在此，我非常感谢诸位企业家朋友的信任和对 YTT 的鼎力支持，尤其感谢各位学员的真诚分享，是你们让更多的企业有了更多的借鉴，也让我自己受益匪浅。

凡购买此书的读者，可关注我们的 YTT 官方微信公众号：ytt1998，本人针对你的企业 / 管理问题免费给予解答。欢迎广大读者来电提出宝贵建议，咨询热线 0512-62807962。

YTT 部分学友评价

本书的知识与实际应用，来自我为企业经营者专门开设的精品课程"YTT 利润预算落地班"。此课程自 2008 年开设以来，截至 2017 年 3 月已经开设了 115 期，逾千家企业的经营者和管理者参加学习，并将所学知识在企业的实际运营中加以应用，实现了非常惊人的利润增长。大多数公司的利润增长都在 20% 以上，甚至有些企业取得了 400% 的利润增长佳绩。以下是部分参加过课程的企业家的学习心得（排名不分先后）。

在课上、在书里，史永翔老师都教我们厘清了企业利润导向背后的可操作方法及控制方法。看懂了报表，更懂得深挖企业问题点，保证企业的健康生命力及达到盈利目的。

——林永育，晨星软件研发（深圳）有限公司总经理

史老师深知传统企业产品市场营销的痛处，为中国企业开设了互联网市场开拓创新课程，让传统企业走出原来的单靠搜索引擎推广的困境，并有效地帮我们提升了互联网新业绩。

——褚明理，A 股互联网上市公司科达股份联席总裁

本书让我收获很多，不仅能学到很多东西，更致力于解决企业的实际问题，能够激发行动力，让我的思维被无限度地发散和激发。

——黄百娣，安徽美的总代理

学习落地最重要的是有效！走进 YTT 课堂 1 年多，如今销售实现了 3 倍增长，最大的变化是公司现在上下都关注利润，公司从副总、财务主管

到各级中层干部，都参与学习 YTT 各个阶段的课程，大家有了共同的财务管理语言，能够以财务为核心展开公司的管理运营。

——成智平，上市公司齐心文具股份有限公司总经理

在 YTT 课程学习中，商学院创始人史永翔教授亲自指导我们的干部学习一家企业如何运转经营，这正是我们每个干部都在苦苦思索的问题，让我们看到了自身的局限，非常感谢史老师，感谢 YTT。

——高峰，A 股上市科达集团股份有限公司管理总部总经理

史永翔所教的知识，让我对财务有了更进一步的认识和理解，我发现从财务管理的角度来审视和监控企业对企业发展很重要。企业家既要富于感性的激情、冒险的创新精神，又要有理性的思维和缜密的筹划。这是一堂真正能让我们在企业发展与生存之间找到平衡点的课。

——刘自杰，山东巨野佳农果蔬有限公司董事长

史永翔老师的书很好，让我第一次这么集中性地真正了解到企业的财务知识与盈利决策。我学到了以股东回报率作为企业的最终目标，也学会了用五大决策去管理企业。

——徐瑞鹏，凯盛家纺股份有限公司董事长

史永翔对书中知识的讲解、演示，让我明白了经营企业的意义和追求，并通过管理利润表来实现和延续，接下来我要把学到的知识运用到企业中，反复使用，推动和发展企业，实现学习的最终目的。

——仲雪雁，汕头澄海区宏业发展有限公司总经理

公司引入史老师的价格决策实践后，不仅盘活了现金流，更是在短短

几个月内实现了利润翻番！实现了毛利率53.78%、净利润29.89%，股东回报率高达82.71%！非常感谢史老师，感谢YTT！

——季海洋，天津BC珠宝总经理

感谢史永翔的智慧分享！在企业管理中，做数字就要做彻底、做认真、做准确，这样才能更好地为决定提供依据。做决策不能想怎样就怎样，在五个重大的决策中，思维方式要有关联性、结构性、系统性。YTT的务实精神对我触动很大！

——张丽斌，深圳市佳捷现代物流有限公司董事长

2013年开始导入YTT体系，如今我们已经成功转型为一家跨境电商企业，营业额增长数倍，成为行业的领先者！感谢史老师教会了我们以财务数据为基础做分析决策，启发了我们在互联网形势下探索出有效的经营新模式。

——陈德慧，温州新文进出口贸易有限公司总经理

从第一次听史老师的课和读史老师的书至今已超过10年，从来都不只是从财务角度来学习，更多的是从企业的经营管理层面来进行课堂学习。公司陆续有几十人都学习过史永翔的课程，专业学习有所收获后，无一例外，都成了史永翔忠实的粉丝。感谢老师的付出与成功分享！

——李雪梅，北京亿莎商业管理有限公司常务副总裁

感谢史永翔老师特别是在互联网时代如何用财务的数据去做有效的决策这块，给了我们明确的指导，提升了企业的价值管理。经过史老师的顾问辅导，我们从企业战略到价值，都有了突飞猛进的进步。

——陈先保，上市公司洽洽食品股份有限公司创始人

简单的感悟不能体现教授智慧对我的影响，我拜读了史教授绝大部分著作，共上了教授五次三天二晚的课程。对于教授的利润管理，我已烂熟于心。这个课程带给我的是企业经营能力不断提高，企业生命力更强，自己更自信。

——修晖，深圳市海维斯特科技有限公司副总经理

之前我们公司遇到了一个发展瓶颈，无法得知获利的产品和客户来自哪一类，一年下来不知道到底有没有赚钱。有幸走进了 YTT 课堂，从课堂上学会了提升企业利润，回来后做了大量工作，把多种产品进行分类；现在，我们每年保持 120% 的增长！感谢 YTT，感谢史教授。

——白宝鲲，上市公司广东坚朗五金制品股份有限公司董事长

通过两天一晚密集的学习、沙盘推演，每一位学员不仅对企业运作、财务报表和经营利润指标从陌生到熟练运用，更加强了作为企业管理者的战略意识和全盘观念，同时也深刻地感受到了企业经营之不易，更能站在 CEO 的角度去看待问题。

——王艺桦，广州华邑品牌数字营销有限公司 CEO

参考文献

[1] 史永翔 . 利润：企业利润持续增长之道 [M]. 北京：机械工业出版社，2015.

[2] 史永翔 . 搞通财务出利润：总经理财务课堂 [M]. 北京：北京大学出版社，2013.

[3] 史永翔 . 你的利润在哪里：所有管理者应该明白的效益方略 [M]. 北京：机械工业
     出版社，2010.

[4] 史永翔 . 向财务要利润 [M]. 北京：机械工业出版社，2011.

[5] 史永翔 . 向经营要利润 [M]. 北京：机械工业出版社，2012.

[6] 史永翔 . 不懂财务就当不好总经理 [M]. 北京：北京联合出版公司，2012.

[7] 魏炜，史永翔，等 . 再造商学院课堂：智慧地学习商业智慧 [M]. 北京：机械工业
     出版社，2012.

[8] 史永翔 . 搞通财务出利润：总经理财务课堂 [M].2 版 . 北京：北京大学出版社，
     2014.

[9] 科特勒，凯勒，卢泰宏 . 营销管理 [M]. 卢泰宏，高辉，译 . 北京：中国人民大学
     出版社，2009.

[10] 波特 . 竞争战略 [M]. 陈小悦，译 . 北京：华夏出版社，2005.

[11] 萨格纳 . 真实世界的财务管理：21 世纪的 12 条教规 [M]. 曾嵘，张瑾，译 . 北京：
     华夏出版社，2004.

[12] 拉舍 . 财务管理实务 [M]. 陈国欣，等译 . 北京：机械工业出版社，2004.

[13] 卡普兰，阿特金森 . 高级管理会计 [M]. 吕长江，主译 . 大连：东北财经大学出版
     社，2007.

[14] 辛纳蒙，赫尔维格 – 拉森 . 管理一定要懂财务：总经理的财务管理清单 [M]. 林珏，
     译 . 北京：中国市场出版社，2008.

会计极速入职晋级

书号	定价	书名	作者	特点
66560	49	一看就懂的会计入门书	钟小灵	非常简单的会计入门书；丰富的实际应用举例，贴心提示注意事项，大量图解，通俗易懂，一看就会
44258	49	世界上最简单的会计书	（美）穆利斯 等	被读者誉为最真材实料的易懂又有用的会计入门书
71111	59	会计地图：一图掌控企业资金动态	（日）近藤哲朗 等	风靡日本的会计入门书，全面讲解企业的钱是怎么来的，是怎么花掉的，要想实现企业利润最大化，该如何利用会计常识开源和节流
59148	49	管理会计实践	郭永清	总结调查了近1000家企业问卷，教你构建全面管理会计图景，在实务中融会贯通地去应用和实践
70444	69	手把手教你编制高质量现金流量表：从入门到精通（第2版）	徐峥	模拟实务工作真实场景，说透现金流量表的编制原理与操作的基本思路
69271	59	真账实操学成本核算（第2版）	鲁爱民 等	作者是财务总监和会计专家；基本核算要点，手把手讲解；重点账务处理，举例综合演示
57492	49	房地产税收面对面（第3版）	朱光磊 等	作者是房地产从业者，结合自身工作经验和培训学员常遇问题写成，丰富案例
69322	59	中小企业税务与会计实务（第2版）	张海涛	厘清常见经济事项的会计和税务处理，对日常工作中容易遇到重点和难点财税事项，结合案例详细阐释
62827	49	降低税负：企业涉税风险防范与节税技巧实战	马昌尧	深度分析隐藏在企业中的涉税风险，详细介绍金三环境下如何合理节税。5大经营环节，97个常见经济事项，107个实操案例，带你活学活用税收法规和政策
42845	30	财务是个真实的谎言（珍藏版）	钟文庆	被读者誉为最生动易懂的财务书；作者是沃尔沃原财务总监
64673	79	全面预算管理：案例与实务指引（第2版）	龚巧莉	权威预算专家，精心总结多年工作经验/基本理论、实用案例、执行要点，一册讲清/大量现成的制度、图形、表单与工具，即改即用
61153	65	轻松合并财务报表：原理、过程与Excel实战	宋明月	87张大型实战图表，手把手教你用EXCEL做好合并报表工作；书中表格和合并报表的编制方法可直接用于工作实务！
70990	89	合并财务报表落地实操	蔺龙文	深入讲解合并原理、逻辑和实操要点；14个全景式实操案例
69178	169	财务报告与分析：一种国际化视角	丁远	从财务信息使用者角度解读财务与会计，强调创业者和创新的重要作用
69738	79	我在摩根的收益预测法：用Excel高效建模和预测业务利润	（日）熊野整	来自投资银行摩根士丹利的工作经验；详细的建模、预测及分析步骤；大量的经营模拟案例
64686	69	500强企业成本核算实务	范晓东	详细的成本核算逻辑和方法，全景展示先进500强企业的成本核算做法
60448	45	左手外贸右手英语	朱子斌	22年外贸老手，实录外贸成交秘诀，提示你陷阱和套路，告诉你方法和策略，大量范本和实例
70696	69	第一次做生意	丹牛	中小创业者的实战心经；赚到钱、活下去、管好人、走对路；实现从0到亿元营收跨越
70625	69	聪明人的个人成长	（美）史蒂夫·帕弗利纳	全球上亿用户一致践行的成长七原则，护航人生中每一个重要转变

财务知识轻松学

书号	定价	书名	作者	特点
71576	79	IPO 财务透视：注册制下的方法、重点和案例	叶金福	大华会计师事务所合伙人作品，基于辅导 IPO 公司的实务经验，针对 IPO 中最常咨询的财务主题，给出明确可操作的财务解决思路
58925	49	从报表看舞弊：财务报表分析与风险识别	叶金福	从财务舞弊和盈余管理的角度，融合工作实务中的体会、总结和思考，提供全新的报表分析思维和方法，黄世忠、夏草、梁春、苗润生、徐珊推荐阅读
62368	79	一本书看透股权架构	李利威	126 张股权结构图，9 种可套用架构模型；挖出 38 个节税的点，避开 95 个法律的坑；蚂蚁金服、小米、华谊兄弟等 30 个真实案例
70557	89	一本书看透股权节税	李利威	零基础 50 个案例搞定股权税收
62606	79	财务诡计（原书第 4 版）	（美）施利特 等	畅销 25 年，告诉你如何通过财务报告发现会计造假和欺诈
58202	35	上市公司财务报表解读：从入门到精通（第 3 版）	景小勇	以万科公司财报为例，详细介绍分析财报必须了解的各项基本财务知识
67215	89	财务报表分析与股票估值（第 2 版）	郭永清	源自上海国家会计学院内部讲义，估值方法经过资本市场验证
58302	49	财务报表解读：教你快速学会分析一家公司	续芹	26 家国内外上市公司财报分析案例，17 家相关竞争对手、同行业分析，遍及教育、房地产等 20 个行业；通俗易懂，有趣有用
67559	79	500 强企业财务分析实务（第 2 版）	李燕翔	作者将其在外企工作期间积攒下的财务分析方法倾囊而授，被业界称为最实用的管理会计书
67063	89	财务报表阅读与信贷分析实务（第 2 版）	崔宏	重点介绍商业银行授信风险管理工作中如何使用和分析财务信息
71348	79	财务报表分析：看透财务数字的逻辑与真相	谢士杰	立足表间的关系和影响，系统描述财务分析思路以及虚假财报识别的技巧
58308	69	一本书看透信贷：信贷业务全流程深度剖析	何华平	作者长期从事信贷管理与风险模型开发，大量一手从业经验，结合法规、理论和实操融会贯通讲解
55845	68	内部审计工作法	谭丽丽 等	8 家知名企业内部审计部长联手分享，从思维到方法，一手经验，全面展现
62193	49	财务分析：挖掘数字背后的商业价值	吴坚	著名外企财务总监的工作日志和思考笔记；财务分析视角侧重于为管理决策提供支持；提供财务管理和分析决策工具
66825	69	利润的 12 个定律	史永翔	15 个行业冠军企业，亲身分享利润创造过程；带你重新理解客户、产品和销售方式
60011	79	一本书看透 IPO	沈春晖	全面解析 A 股上市的操作和流程；大量方法、步骤和案例
65858	79	投行十讲	沈春晖	20 年的投行老兵，带你透彻了解"投行是什么"和"怎么干投行"；权威讲解注册制、新证券法对投行的影响
68421	59	商学院学不到的 66 个财务真相	田茂永	萃取 100 多位财务总监经验
68080	79	中小企业融资：案例与实务指引	吴瑕	畅销 10 年，帮助了众多企业；有效融资的思路、方略和技巧；从实务层面，帮助中小企业解决融资难、融资贵问题
68640	79	规则：用规则的确定性应对结果的不确定性	龙波	华为 21 位前高管一手经验首次集中分享；从文化到组织，从流程到战略；让不确定变得可确定
69051	79	华为财经密码	杨爱国 等	揭示华为财经管理的核心思想和商业逻辑
68916	99	企业内部控制从懂到用	冯萌 等	完备的理论框架及丰富的现实案例，展示企业实操经验教训，提出切实解决方案
70094	129	李若山谈独立董事：对外懂事，对内独立	李若山	作者获评 2010 年度上市公司优秀独立董事；9 个案例深度复盘独董工作要领；既有怎样发挥独董价值的系统思考，还有独董如何自我保护的实践经验
70738	79	财务智慧：如何理解数字的真正含义（原书第 2 版）	（美）伯曼 等	畅销 15 年，经典名著；4 个维度，带你学会用财务术语交流，对财务数据提问，将财务信息用于工作